vie et mort d'un cochon

Castor Poche
Collection animée par
François Faucher et Martine Lang

titre original :

A DAY NO PIGS WOULD DIE

Une production de l'Atelier du Père Castor

ROBERT-NEWTON PECK

vie et mort d'un cochon

traduit de l'anglais (États-Unis) par
MARIE-ALYX REVELLAT

Castor Poche Flammarion

Robert-Newton Peck, l'auteur, descend de plusieurs générations de fermiers de l'État du Vermont (États-Unis). Élevé selon la vieille tradition des shakers, il garde la foi de son enfance et la conception d'une certaine vie que lui a léguées son père : « La foi d'un homme qui ne vaut rien si son chien et son chat n'en ressentent pas les bienfaits. » Robert-Newton Peck a été tueur de cochons, a travaillé dans une papeterie et a exercé le métier de bûcheron. Il a écrit de nombreux livres publiés aux États-Unis, mais ses activités ne se limitent pas à la littérature. Il aime les grandes causeries publiques.

Durant ses loisirs, il se tourne volontiers vers son piano ou encore il joue à ce vieux jeu écossais, le curling, qui consiste à faire glisser des palets sur la glace.

Du même auteur, dans la collection Castor Poche :
Un certain Monsieur L, n° 69
La dernière chance, n° 82 (senior)

Marie-Alyx Revellat, la traductrice, a été pendant plusieurs années professeur d'anglais dans les lycées français à l'étranger, en particulier en Égypte et au Maroc.

Après avoir vécu aux États-Unis, Marie-Alyx Revellat habite actuellement à Paris. Elle a traduit de nombreux ouvrages, notamment des livres d'histoire et des romans.

Christian Broutin, l'illustrateur de la couverture, est né le 5 mars 1933, par un curieux hasard, dans la cathédrale de Chartres... Élevé par un grand-père bibliophile averti, il découvre très tôt le dessin en copiant Grandville et Gustave Doré. Après des études classiques, il est élève à l'École des métiers d'art et sort premier de sa promotion. Il est l'auteur d'une centaine d'affiches de films ainsi que de nombreuses couvertures de livres et de magazines.

Vie et mort d'un cochon :

Robert a douze ans, il vit pauvrement avec ses parents et sa tante. Les quatre sœurs aînées sont mariées. Le père, analphabète, doit aller tuer les cochons chez les voisins, tandis que Robert assure les travaux de la ferme en rentrant de l'école. La grande richesse du jeune garçon est un petit cochon qu'il a reçu en cadeau et qui lui sert de confident. Mais Rosy devient une grosse truie stérile qui coûte trop cher à nourrir, il faut la tuer. La mise à mort fait office de sacrifice, et surtout de rite de passage. Le garçon entre dans le monde des adultes.

Avec émotion et simplicité, en quelques scènes rapides, tantôt drôles, tantôt tristes, l'auteur rend hommage à son père et évoque les souvenirs de ses jeunes années. L'action se situe en Amérique dans un milieu surprenant de cultivateurs et d'éleveurs d'une vallée du Vermont, qui professent la loi des shakers. Ils sont durs et bienveillants, rigoristes et généreux, ils veulent échapper au progrès qui risque de les détruire.

Le cœur du fermier a la douceur du lapin
Et ses yeux sont bleus
Mais son regard est perçant comme celui de l'aigle
Et pénètre l'homme jusqu'au fond de l'âme.

Les shakers dont parle l'auteur appartiennent à une secte religieuse issue du protestantisme.

En 1685, Louis XIV, avec la révocation de l'édit de Nantes, avait supprimé toutes les libertés accordées aux protestants par Henri IV à la fin des guerres de Religion. Ce fut le début d'une longue persécution. Beaucoup de protestants s'exilèrent pour échapper à la prison et à la mort. D'autres, réfugiés dans la clandestinité, formèrent plusieurs noyaux de résistance, notamment dans les Cévennes.

Parmi eux naquirent des sectes, petits groupes animés par des prophètes qui, se sentant inspirés de l'esprit divin, imposaient à leurs fidèles de nouvelles croyances, des rites particuliers. Quelques réfugiés cévenols, émigrés en Angleterre au commencement du XVIIIe *siècle, deviendront ainsi les shakers. Sous la direction d'une mystique anglaise, Ann Lee, qui se croyait l'incarnation fémi-*

nine de Dieu, ils iront en 1774 s'installer à New York et fonderont leur première communauté.

Les shakers vivent alors en grandes familles, mettant tous leurs biens en commun et s'efforçant d'assurer leur subsistance en circuit fermé, par l'agriculture ou l'artisanat. Hommes et femmes sont logés séparément. Les rites religieux comportent chants, danses et ces transports mystiques qui ont donné son nom à la secte (shakers signifie trembleurs en anglais). Il naîtra une vingtaine de communautés en un demi-siècle, puis le mouvement disparaîtra peu à peu.

L'ÉDITEUR

A mon père, Haven Peck,
Un homme doux et paisible,
Égorgeur de cochons par métier.

I

J'aurais dû être à l'école par cette journée d'avril. Au lieu de cela, j'étais sur la colline à côté de la vieille mine de spath qui domine notre ferme. Armé d'un bâton de bois mort, je fouettais le tronc gris d'un érable pétrifié, la rage au cœur. Pendant la récréation, Edward Thatcher m'avait montré du doigt et s'était moqué de mes vêtements. Au lieu de me jeter sur lui, j'avais pris la fuite. Et quand miss Malcolm avait sonné la cloche, j'étais déjà à mi-chemin de la maison.

Je ramassai une pierre et je la lançai de toutes mes forces dans un bouquet de fougères. Un jour, je me jetterais avec autant de force sur Edward Thatcher et je le ferais saigner comme un cochon égorgé. Je l'enverrais valser d'un bout à l'autre du Vermont et ce serait bien fait pour lui. Je lui apprendrais à se moquer des shakers. Il ne remettrait plus jamais les pieds à Learning, non, jamais.

Un bruit bizarre me fit tourner la tête et sursauter en même temps. Quand je vis la grosse Holstein, je compris que ça allait mal. C'était l'une des nombreuses vaches de notre voisin, Mr. Tanner. Il l'appelait Bavette parce qu'elle était toute noire avec une grande tache blanche qui s'étalait sur son poitrail et s'écartait des deux côtés pour former un collier autour du cou. Mr. Tanner avait dit à papa que c'était sa meilleure laitière et il avait l'intention de l'emmener à la foire de Rutland cet été.

Je courus vers elle. De nouveau, elle fit entendre ce bruit effrayant. Je m'approchai et je compris ce qui se passait. Son grand corps se contractait violemment dans ses efforts pour mettre bas. Elle était tombée, il y avait du sang sur sa patte antérieure. Elle avait le museau tout barbouillé d'une sorte d'écume jaunâtre. J'avançai la main pour essayer de la caresser, mais elle me regardait avec des yeux affolés et méchants. Un sifflement rauque accompagnait chaque respiration.

Elle se détourna, me montrant ses flancs gonflés. Sa queue levée fouettait l'air chaque fois que son dos se soulevait. La tête et un sabot du veau apparaissaient. Il était tellement couvert de sang et de placenta que je ne savais pas s'il était mort ou vivant, quand soudain il poussa un faible gémissement.

Bavette s'élança et s'enfonça dans le fourré de ronces, et moi derrière. Je ne l'aurais jamais rattrapée, mais à un moment, elle dut s'arrêter pour faire un nouvel effort. J'en profitai pour saisir la tête du veau, mais elle était si gluante et Bavette s'agitait tellement qu'il n'y avait pas moyen de la tenir. Il faut dire aussi que, n'ayant que douze ans, je pesais à peine cinquante kilos et Bavette devait dépasser les cinq cents. Elle se secoua ; lâchant prise, je tombai à la renverse, de sorte que son sabot rencontra mon tibia. Ça faisait drôlement mal. J'étais prêt à abandonner la partie mais le veau recommença à gémir. Je me redressai aussitôt et je décidai de faire une nouvelle tentative.

J'avais pris la fuite devant Edward Thatcher, je m'étais sauvé de l'école. Si je me dégonflais une troisième fois, j'étais le dernier des poltrons.

Il me fallait une corde, mais je n'en avais pas. Je devais donc en fabriquer une. Pas besoin qu'elle soit longue. Il suffisait qu'elle soit solide.

Et me voilà courant à travers les ronces derrière la brave Bavette. Cette histoire de ronces gâchait un peu le plaisir. Je fis l'erreur de vouloir enlever mon pantalon tout en courant. Pas moyen. Alors je m'assis dans les épines, le fis glisser rapidement par-dessus mes bottes et je rattrapai Bavette. Après quelques essais ratés, je réussis à passer une jambe de pantalon autour de la tête du veau, et la nouai solidement.

– Écoute, veau, dis-je, tu es dans ta maman et tu es en train d'étouffer. Alors autant étouffer en sortant.

Je ne sais comment Bavette interprétait ce que je pouvais bien fabriquer du côté de son arrière-train ; toujours est-il qu'elle le prit mal. Et la voilà qui se remit à courir, moi à ses trousses, me cramponnant de toutes mes forces. Mon postérieur à l'air recueillait une épine à chaque pas que je faisais. Et ce veau qui ne se décidait pas à avancer sa tête d'un pouce. Lorsque Bavette s'arrêta pour souffler, je me hâtai d'attacher mon autre jambe de pantalon à un cornouiller presque aussi épais qu'un poteau.

Maintenant trois choses pouvaient se produire. Mon pantalon allait se déchirer, Bavette allait tout simplement déraciner l'arbre, le veau allait sortir.

Mais rien n'arriva. Bavette tremblait, se raidissait, poussait et restait clouée sur place. L'autre jambe de pantalon était attachée au cornouiller et, comme Bavette, je ne savais plus que faire.

Le veau poussa encore un gémissement, plus faible que les autres, mais cette maudite Bavette se contentait de souffler sans faire mine de bouger.

Je saisis une branche de mûrier aussi longue qu'un fouet et grosse comme un manche à balai, et je me mis à hurler :

– Espèce de garce, tu vas te remuer, oui ?

Jamais je n'ai frappé quelqu'un, animal ou adversaire, comme j'ai frappé cette vache. Je cognais tellement fort que j'en pleurais. Les épines s'enfonçaient dans mes mains, mais la douleur ne fit qu'exciter ma fureur.

Je lui donnai des coups de pied, je lui lançai des pierres. Je lui assenai un dernier coup de botte dans le pis, si fort cette fois que je crus l'entendre grogner. De ses pattes arrière elle piétina le taillis et, enfin, elle se mit en mouvement. Mon pantalon se tendit ; j'entendis un craquement et un beuglement. Une grosse boule chaude et puante, à la fois veau et pas veau, se projeta sur moi. Je tombai sous le choc avec l'idée que quelque chose venait de naître ou de mourir.

Je me sentis prisonnier d'une masse humide; une corde solide me reliait à un corps tout chaud agité de soubresauts. J'enlevai tant bien que mal le liquide visqueux qui avait giclé dans mes yeux et je levai la tête. Bavette était là avec sa grosse tête noire, très occupée à nous lécher tour à tour, moi et son veau.

Mais elle était loin d'être bien. Elle avait la mâchoire ouverte et cherchait de l'air. Elle chancelait et je me voyais déjà écrasé sous le poids de cet énorme corps. Le même râle sortait de sa gorge et sa langue se balançait comme un pendule. On aurait dit qu'elle avait quelque chose dans la gueule. Elle essayait de respirer, mais il semblait que ce bouchon empêchait le passage de l'air.

Son grand corps titubait comme si elle était étourdie ou malade. Elle tomba sur les genoux. Sa tête me heurta à la poitrine, son museau vint toucher mon menton. Elle avait cessé de respirer.

Je glissai ma main entre ses mâchoires ouvertes, mais je ne sentis que sa langue enflée. Alors, je lui enfonçai mes doigts dans la gorge – et la chose était là : une boule dure aussi grosse qu'une pomme, coincée dans sa trachée ou son œsophage – je ne sais lequel des deux, et peu m'importait. Je fermai les yeux, j'agrippai la chose et tirai d'un coup sec.

Quelqu'un m'a dit un jour que les vaches ne mordaient pas. Ce quelqu'un s'est mis le doigt dans l'œil. J'ai bien cru que j'avais le bras scié entre le coude et l'épaule. Cette maudite vache le tenait serré entre ses mâchoires et se releva sans lâcher prise, puis elle dévala la colline, m'entraînant à moitié nu et me martelant le corps de coups de sabots.

Il aurait dû faire grand jour, mais c'était la nuit, une nuit aussi noire et aussi sanglante et aussi horrible que cette douleur qui ne me lâchait pas.

II

– Haven Peck !

Quelqu'un criait le nom de papa, mais je ne voyais rien. C'était bizarre parce que j'avais les yeux ouverts. J'avais beau les cligner, le brouillard était toujours là.

J'étais enveloppé dans une couverture. Je sentais le frottement de la laine sur mon bras, juste à l'endroit blessé, mais la douleur semblait me maintenir éveillé et vivant.

Soudain, j'entendis plusieurs voix. Papa répondait et l'homme qui me portait demanda :

– C'est votre garçon ? Il est tellement couvert de boue et de sang que je n'en suis pas sûr. Et puis, il est à moitié nu.

– Oui, dit papa, c'est notre Robert.

Ensuite, la voix de maman s'éleva, douce et harmonieuse comme une musique. Je sentais ses mains me caresser la tête et les cheveux. Il y avait aussi tante Carrie, la sœur aînée de maman, qui habite chez nous.

Puis des mains fortes me touchèrent les jambes et les côtes. J'essayai de justifier mon absence de l'école. Quelqu'un me nettoya le visage avec de l'eau chaude qui sentait le lilas. C'était bon et calmant.

– Vous êtes bien bon de l'avoir ramené à la maison, Benjamin Tanner, dit papa. Quoi qu'il ait fait, je me charge d'arranger ça.

– Il faut avant tout soigner son bras. Il est en bien mauvais état, peut-être cassé.

– Haven, dit maman, le petit tient quelque chose dans la main. Je n'arrive pas à voir ce que c'est.

Je sentis qu'ils me retiraient cette chose de la main droite. Je ne voulais pas le lâcher, mais ils le prirent.

– Je n'ai jamais rien vu de pareil, dit maman. On dirait que c'est vivant.

La voix rude de Mr. Tanner domina les autres :

– Je sais ce que c'est, c'est un goitre.

– Un goitre ? Où a-t-il bien pu prendre ça ?

– C'est mauvais, répondit papa, mais pour l'instant occupons-nous de son bras. Tanner, il nous faudra peut-être couper un morceau de votre couverture.

– Elle n'est pas à moi. Elle est à mon cheval. Alors vous pouvez couper tout ce que vous voulez.

Papa fit glisser la couverture le long de mon épaule droite jusqu'à l'endroit où elle était collée par le sang coagulé. J'entendis le bruit de son couteau qui s'ouvrait et coupait une partie de la laine.

– J'ai serré mon mouchoir autour de son bras pour qu'il ne perde pas tout son sang, dit Mr. Tanner.

Papa le desserra.

– Il va recommencer à saigner si vous le relâchez, dit Mr. Tanner.

– C'est ce qu'il faut, c'est bon pour son bras. Il faut que toute la saleté s'écoule. La meilleure façon de soigner une plaie, c'est de la laisser saigner jusqu'à ce qu'elle soit aussi propre qu'un museau de chat.

– C'est vrai.

– Lucy, dit papa à voix basse à ma mère, enfile une aiguille. Il va falloir le recoudre.

Il me souleva dans ses bras et me transporta dans la maison. Il me coucha sur la longue table de la cuisine et maman me mit quelque chose de doux sous la tête. Tante Carrie continuait à me passer de l'eau de lilas sur le visage pendant que papa coupait ma manche de chemise et retirait mes bottes.

– Mon pauvre agneau, murmura maman.

Quelqu'un posa sa main sur mon front pour voir s'il n'était pas brûlant, après quoi on me mit une compresse froide, et c'était bien agréable. C'était étrange, mais c'était la seule chose que je sentais. Puis l'aiguille de maman s'enfonça dans la chair de mon bras. Au premier point, j'eus envie de crier mais je n'en eus pas la force. Allongé immobile sur la vieille table de la cuisine, je laissai maman me recoudre. Ça faisait mal; mes yeux se remplissaient de larmes qui coulaient en petites rivières dans mes oreilles, mais je ne laissai échapper aucune plainte.

Quand elle eut recousu tout ce qu'il y avait à recoudre (je devais être tout en fil), papa me porta dans ma chambre. L'odeur fraîche et agréable de maman flottait autour de moi pendant qu'elle tapotait mon oreiller. Je sentis la taie de percale contre mes deux oreilles tandis que ma tête s'enfonçait dans les plumes. Je murmurai :

– Il faut dire à Mr. Tanner...

Maman se pencha sur ma tête. Papa et tante Carrie étaient au pied du lit. Je répétai :

– Il faut dire à Mr. Tanner qu'il trouvera un petit veau sur la crête. Je l'ai aidé à naître. Après, Bavette suffoquait toujours, alors j'ai dû retirer la boule de sa gorge. Je n'avais pas l'intention de sécher la classe.

– Je l'avertirai, dit papa.
– Où est ton pantalon, Bob ? demanda tante Carrie, qui tenait assez aux apparences.
– Là-haut, sur la crête. Quand je l'ai attaché à l'arbre, il a un peu craqué. Désolé, maman, il faudra que tu m'en fasses un autre.

Maman approcha son visage du mien; il respirait la bonté.
– J'aime mieux raccommoder un pantalon déchiré qu'un garçon abîmé, dit-elle.
– Je... je ne sens plus ma main droite.
– Parce qu'elle est au repos. Elle doit guérir et toi aussi. Maintenant, papa et tante Carrie et moi, nous allons sortir d'ici sur la pointe des pieds pour que tu puisses te reposer. Tu l'as bien mérité.

Ils partirent. Je fermai les yeux et je m'endormis aussitôt. Je me réveillai plus tard quand maman m'apporta un plat de maïs chaud et un verre de lait de la traite du soir. Il y avait des bulles dessus.
– Que c'est bon, dis-je.

Avant d'aller au lit, papa monta l'escalier en faisant craquer les marches avec ses gros souliers et il m'apporta l'une des dernières pommes de la provision d'hiver. Il approcha une chaise de mon lit et me regarda longuement pendant que je mangeais le fruit de ma main gauche.
– Alors, tu te remets ?
– Oui, papa.

– Je devrais te donner une bonne fessée pour avoir quitté l'école.
– Oui, papa, tu devrais.
– Un jour, tu veux pouvoir aller à la banque à Learning et donner ta signature, n'est-ce-pas ?
– Oui, papa.
– Je n'ai pas envie d'élever un bon à rien.
– Non, papa.

J'essayai de remuer le bras droit, mais je ressentis une vive douleur et je ne pus retenir un gémissement.

– Elle t'a bien amoché, cette vache; elle t'a mordu jusqu'à l'os.
– Oui, elle y est allée de bon cœur; et moi qui croyais que les vaches ne mordaient pas.
– Toutes les bêtes mordent si elles sont provoquées.
– J'ai dû provoquer cette brave Bavette. En tout cas, elle m'avait poussé à bout.
– Tu lui as passé la main entre les mâchoires ?
– Oui.
– Et tu lui as arraché ce... goitre ?
– Oui, papa.
– C'était avant ou après la naissance du veau ?
– Ça, je ne sais plus. Je me rappelle seulement que Bavette étouffait avec cette chose dans la gorge et qu'elle voulait que je la lui enlève.
– Alors tu as arraché le goitre ?

– Oui, papa. Et son veau restait accroché. Alors je l'ai arraché aussi. J'ai déchiré mon pantalon. Je me suis déchiré aussi la peau. Entre le veau, Bavette et moi, on a fait pas mal de dégâts dans le Vermont.
– Comment tu te sens ?
– Comme si j'allais mourir. Au moins je n'aurais plus mal.
– Vaut mieux pas te plaindre : un garçon qui sèche l'école et qui échappe à une correction !
– Non, papa, je ne me plains pas. Sauf quand je fais un mouvement brusque, mon bras est tout engourdi. C'est ailleurs que ça ne va pas.
– Où ailleurs ?
– Le dos et les fesses. Je suis tout couvert d'épines. Rien que d'y penser, ça me cuit partout. Toutes les sacrées...
– Qu'est-ce que j'entends ?
– Toutes les maudites épines du Vermont ont dû se planter sur moi et maintenant elles me traversent pour ressortir de l'autre côté. Il y a de quoi vendre son âme.
– Eh bien, si ton âme est en aussi mauvais état que ta carcasse, elle ne vaut pas grand-chose.
– Je m'en doute bien.

Papa fouilla dans sa poche.
– Voilà deux gommes de sapin. Il y en a une

pour moi. Je ne pense pas que tu veuilles l'autre.

– Oh que si, papa. S'il te plaît.

– C'est bon. Tiens, je te la donne. Elle t'aidera peut-être à oublier les épines.

– Elle m'aide déjà. Merci, papa.

La gomme de sapin est dure et grenue au début, puis la chaleur de la bouche la fait fondre et elle est bonne à mâcher. La boule que papa m'avait donnée était pleine de résine et juteuse à souhait, sauf qu'il fallait de temps en temps recracher des petits morceaux d'écorce.

– Je suis allé voir le sumac aujourd'hui, fiston.

– Il est déjà mûr ?

Papa sortit de sa poche une tige de sumac, épaisse comme un doigt. Elle pouvait bien avoir douze centimètres de long.

– Hein ! Qu'en penses-tu ?

– Oh, papa, elle a l'air à point. Tu as ton couteau ?

Papa sortit son couteau et fit jaillir la lame. Il incisa l'écorce et entailla une extrémité. Il ne restait plus qu'à laisser tremper la tige toute la nuit, assez longtemps pour que l'écorce s'enlève toute seule, et à la faire bouillir pour tuer le poison.

– Voilà qui fera un sifflet du tonnerre !

– Formidable !

– Un garçon qui a un sifflet pareil n'a aucune raison de sécher l'école. D'accord ?

Il se leva. Il était grand et fort. Sa tête touchait presque le plafond.

– Ne t'endors pas avec la gomme dans la bouche.

– Non, papa.

Il se pencha et remonta le couvre-pied pour me couvrir les épaules. Je sentis à l'odeur de ses mains qu'il avait tué des cochons dans la journée. Cette odeur fade de mort flottait autour de lui du matin au soir jusqu'au samedi. Ce jour-là, il se mettait tout nu dans le baquet de la cuisine, avec de l'eau chaude et savonneuse jusqu'aux tibias, et il se nettoyait de toutes les traces des cochons et de la boucherie.

Le dimanche matin, quand j'étais assis à côté de lui au meeting des shakers, il ne sentait plus que le savon brun qu'il utilisait, et parfois la pommade qu'il se passait dans les cheveux. Mais quand on tue des cochons pour gagner sa vie, on ne peut pas avoir tous les jours une odeur de dimanche matin. On dégage une odeur de travail.

III

Je restai au lit près d'une semaine.

Je m'arrangeai pour me lever un samedi. Ainsi, j'avais deux jours de liberté en plein air sans avoir à me préoccuper de l'école.

– Bien, dit papa quand il me vit descendre clopin-clopant pour le petit déjeuner. J'ai justement besoin d'un aide et tu m'as l'air frais comme une rose.

Je boitai un peu plus qu'il ne l'aurait fallu, mais sans le moindre succès. Une heure plus tard, nous remplacions un poteau de la clôture qui séparait le terrain de Mr. Tanner du nôtre.

– C'est drôle qu'il y ait des clôtures, tu ne trouves pas ? dis-je soudain.

– Pourquoi ?

– Eh bien, vous êtes amis, Mr. Tanner et toi. Voisins et tout. Pourtant, nous maintenons cette barrière comme si c'était la guerre. Je suppose que les humains sont les seules créatures qui protègent ainsi tout ce qu'elles possèdent.

– Tu te trompes.

– Les animaux ne dressent pas de barrière.

– Mais si. Au printemps, un rouge-gorge femelle ne volera vers un mâle que s'il possède un territoire dans les bois. Il faut qu'il le protège.

– Tiens, je ne savais pas ça.

– Sais-tu ce que dit le rouge-gorge quand tu l'entends chanter ? « Cet arbre est mon domaine. Défense d'approcher. » Ce chant est sa barrière.

– Ça alors !

– Tu as déjà vu un renard ?

– Bien sûr. Souvent.

– Je veux dire, tu l'as bien observé ? Il fait le tour de son domaine tous les jours et lève la patte sur un arbre ici, un rocher là. C'est sa barrière. Je n'en sais pas plus, mais je suppose que tout ce qui vit dresse une barrière d'une façon ou d'une autre, exactement comme le fait un arbre avec ses racines.

– Alors, ce n'est pas une sorte de guerre ?

– C'est une guerre pacifique. Tel que je connais Benjamin Tanner, il se fera plus de mauvais sang que moi si ses vaches viennent brouter mon maïs en herbe. Il sera plus embêté que si c'était le contraire.

– C'est un bon voisin, papa.

– Et, comme moi, il veut une clôture entre nous. Il sait bien qu'une clôture unit les hommes et ne les sépare pas.

– Je n'avais jamais vu les choses de cette façon.

– Il est temps de le faire.

Pendant que nous parlions, je levai les yeux. Papa en fit autant. Un cortège bizarre attira nos regards. Ben Tanner et sa vache descendaient la colline et traversaient le pré. Bavette était propre et luisante comme un sou neuf. Sous son ventre, et essayant d'attraper un pis, trottinaient non pas un petit veau mais deux. Ils se ressemblaient comme deux gouttes d'eau. Mr. Tanner portait quelque chose sous le bras.

– Bonjour, Haven !

– Bonjour, Benjamin !

– Salut, mon garçon !

– Bonjour, Mr. Tanner !

Mais ce n'était pas notre voisin que je regardais. J'avais les yeux fixés sur la plus belle paire de jeunes veaux que j'aie jamais vue. Ils étaient plus noirs que Bavette, avec une tache blanche sur le poitrail.

– Bob et Bib, dit Mr. Tanner. J'ai appelé celui-ci Bob en ton honneur, Robert.

– Eh bien ! s'exclama papa.

– Quel attelage superbe ils feront, poursuivit Mr. Tanner. J'ai toujours rêvé d'avoir une paire de bœufs Holstein bien assortis pour les mener à la foire de Rutland. Grâce à ton vigoureux garçon, Haven, j'ai la plus belle paire du comté. Quand viendra le moment de la foire, ils feront l'orgueil de Learning.

– Bavette en a eu *deux* ? dis-je, n'en croyant pas mes yeux.

– Deux, Robert, tu vois bien. Des bêtes magnifiques. Merci encore. Tiens, voilà un cochon pour ta peine.

Mr. Tanner sortit une petite boule soyeuse de sous sa veste : un petit cochon tout blanc avec un groin et des oreilles roses. Il y avait même une mince raie rose dans la fourche de ses pattes.

– Vous voulez dire que ce cochon est à *moi* !

– A toi, mon garçon. Et c'est bien peu de chose pour le service que tu m'as rendu.

– Mon Dieu, mon Dieu ! Merci, oh merci, Mr. Tanner.

Mr. Tanner me tendit la bête et je la pris. Elle commença par se débattre en poussant des cris perçants mais, une fois calée contre ma poitrine, elle se calma et me lécha les joues. Sa salive ne sentait pas la rose mais je m'en moquais. Ce porcelet était *à moi.*

– Merci beaucoup, ami Tanner, intervint papa, mais les shakers n'ont pas l'habitude de se faire payer les services rendus entre voisins. Robert a fait ce que tout fermier ferait pour un autre. On ne tient pas un livre de comptes chez nous.

Je me sentis mal, vraiment mal. Papa allait refuser.

– Haven, quand est l'anniversaire de ce garçon ?

– En février, répondis-je avant que papa ait eu le temps d'ouvrir la bouche.

– Ça m'était complètement sorti de l'esprit, dit Mr. Tanner. Dans ce cas, tu m'excuseras de m'en souvenir si tard. Ce cochon est bien à toi, Robert. Et si jamais je le retrouve sur mon terrain, il sera réduit en jambon.

Papa secoua la tête.

– Il ne faut pas, grommela-t-il.

– Ecoutez, Haven, reprit Mr. Tanner. En réalité, je suis venu vous demander de m'aider à habituer au joug ces deux diables à l'automne. Vous voulez bien ?

– Oui, dit papa.

– Parfait. Alors comme je ne veux pas que l'idée d'une dette m'empêche de dormir, faites-moi le plaisir d'accepter en paiement de vos futurs services un petit cochon tout juste sevré.

– D'accord, dit papa.

– D'accord ! m'écriai-je.

Le goret ponctua mon exclamation d'un

petit cri. Il était à moi, à moi, *à moi !*

Je le regardais de tous mes yeux. Il était magnifique, mon petit cochon, bien plus beau que Bavette et que ses deux veaux ; plus beau que Salomon, notre bœuf, que Daisy, notre vache laitière. Plus beau que tous les chiens, chats, poulets ou poissons du monde. On aurait dit un bonbon rose et blanc.

– Je l'appellerai Rosy, décidai-je.

– Joli nom, fit Mr. Tanner. Ça vaut Bib et Bob.

– Grand merci, Benjamin, dit papa.

Son manche de pioche vint brusquement me caresser les côtes, me rappelant les devoirs de la politesse.

– Merci, oh merci, Mr. Tanner ! m'écriai-je.

– Pas de quoi, mon garçon. Et si jamais Bavette est de nouveau en peine pour vêler, je sais bien qui j'appellerai à la rescousse.

– Qui ? demandai-je innocemment, connaissant la réponse.

– Toi, bien sûr, dit-il en m'enfonçant son index dans l'estomac.

Je me mis à rire si fort que je faillis laisser tomber Rosy.

Notre voisin repartit avec sa vache et ses deux veaux. Je le suivis du regard en serrant Rosy contre mon cœur. C'était la première chose que je possédais, du moins la première chose de valeur. Le seul autre objet de mes convoitises était une bicyclette, mais je savais que mes parents n'avaient pas les moyens de m'en offrir une ; aussi, à quoi bon en parler ? D'ailleurs, pour papa et maman, une bicyclette était un engin diabolique, une futilité et, pour un ménage de shakers, il n'y avait rien de pire qu'une futilité. Il me semblait pourtant que le monde en était plein mais, pour maman, toutes les choses qu'elle désirait et ne pouvait se procurer avec de l'argent ou une autre monnaie d'échange étaient des futilités.

En tout cas, personne n'aurait pu dire que Rosy était une futilité. Il fallait être aveugle pour ne pas voir qu'elle deviendrait une superbe truie reproductrice. Je regardai son ventre et comptai ses mamelles : douze. Dans un an environ, elle serait couchée dans son box avec une douzaine de bébés-porcs qui téteraient à qui mieux mieux.

– Il faudra que tu t'en occupes, dit papa.

– Bien sûr.

– Tu sais, ce n'est pas une petite affaire. Ça te rend aussi nerveux qu'un chat à longue queue dans une pièce pleine de fauteuils à bascule. Il lui faut un abri et de la paille.

– Un abri ?

– Bien sûr. Où comptes-tu la coucher ? Sous ton oreiller ?

– Non. Mais je pensais qu'elle pourrait rester avec Daisy et Salomon.
– Tu ne peux pas loger les porcs et le gros bétail sous le même toit. Telle est la loi des shakers. C'est-à-dire que toi, Robert, tu dois lui fabriquer un logement.
– Ah bah, elle n'aura pas besoin de beaucoup de place.
– Pas aujourd'hui, non. Mais as-tu une idée de la taille qu'elle aura ? Elle pèsera dans les cent kilos en un rien de temps.
– Cent kilos ! Mais c'est énorme !
– Ça oui. Elle ira bien jusqu'à cent cinquante. Alors, ne perds pas de temps ; pose cette bête, remplace ce poteau et préoccupe-toi d'un logis pour le cochon, aussi loin que possible de Daisy.
– Pourquoi donc ?
– Le voisinage des porcs fait tourner le lait, mon garçon, tout le monde le sait.
– Je me demande bien pourquoi.
– C'est une loi.
– Une loi shaker ?
– Oui, mais c'est une très vieille histoire qui remonte au temps où les ancêtres de Daisy et de Rosy vivaient à l'état sauvage. Daisy sait que Rosy et ceux de sa race ont des dents, des défenses, et les cochons sont carnivores : les vaches ne le sont pas. Si l'ami Tanner t'a donné ce goret, c'est peut-être que sa mère a dévoré le reste de sa portée. Il arrive qu'une

truie le fasse. Daisy ne le fait pas, Bavette non plus. C'est comme la loi shaker. Tout remonte à la source.

– Quelle source ?

– La sagesse. Une chose dont les citadins modernes se moquent pas mal. Ils n'y comprennent rien, aussi ils pensent que c'est idiot.

– La sagesse !

– Eh oui, la sagesse de la terre. Elle vient à Salomon au coucher du soleil et c'est le seul moment du jour où ce grand bœuf est nerveux. Autrefois, il y a très longtemps, les loups venaient au crépuscule. Bien que Salomon n'ait jamais vu de loup, il sait. Il sait que la journée de travail est finie et qu'il doit se mettre à l'abri. Il lui faut un mur sur un côté pour avoir un flanc protégé, de sorte qu'il peut veiller sur l'autre.

– C'est pour ça que Daisy ne voudra pas de Rosy près d'elle ?

– C'est pour ça. Les cochons sont des animaux sauvages. Si tu lâchais Rosy dans la nature, elle vivrait dans les bois à l'état sauvage. Il lui pousserait des défenses. Et elles seraient longues et pointues et mauvaises. Daisy le sait et ça la tourmente. Et c'est assez pour faire tourner son lait.

– Dis, papa ?

– Quoi donc ?

– Si Daisy se sauvait, est-ce qu'elle deviendrait une vache sauvage ?
– Oh non, pas ma brave Daisy. Si nous l'abandonnions, elle chercherait une autre ferme et un autre troupeau. Elle attendrait la nuit et se dirigerait vers une maison éclairée, peut-être celle des Tanner ; vers la fenêtre orange de la salle familiale où est la cheminée.
– Tu es sûr ?
– Tu te rappelles cette nuit où nous avons campé tout en haut de la colline de Lead ?
– Sûr que je me rappelle. C'était épatant.
– Tu te rappelles notre feu de camp ? Comme il était beau ?
– Bien sûr.
– Quel animal est venu partager la chaleur de ce feu ? Tu l'avais d'abord pris pour un ours.
– Une *vache*.
– Si tu avais eu un fusil ce soir-là, tu aurais tiré sur une bonne vieille vache de ferme.
– Oh, papa, tu te souviens de ce que nous avons fait quand nous avons vu qu'elle était restée près de nous toute la nuit ?
– Au petit matin, nous lui avons pris un peu de lait pour que tu puisses en boire une tasse à ton petit déjeuner et moi j'en ai eu une cuillerée pour mon café.
– C'était du vol, papa ?

– Non, pas vraiment. Si cette vache avait été à moi, j'aurais partagé son lait avec d'autres. D'ailleurs, nous n'en avons pris qu'un verre. Ce n'est pas comme si nous l'avions traite jusqu'à la dernière goutte.
– Crois-tu que le Seigneur nous pardonnera ?
– Bien sûr. Le Bon Dieu ne tient pas à nous voir commencer la journée avec une simple tasse de café noir.

IV

Rosy s'attacha à moi tout de suite.

Je dus achever la besogne commencée le samedi matin avec papa : réparer la clôture est. Aussi, après le départ de Mr. Tanner, nous nous remîmes à la besogne.

Pendant que j'aidais papa, Rosy tournait autour de moi, flairant la terre, son petit groin collé au sol, comme le font tous les cochons du monde. Ce n'était pas facile de travailler avec elle dans les jambes. Elle se frottait contre mes bottes comme une chatte. Quand la cloche de l'église sonna midi, nous prîmes le chemin de la maison pour aller déjeuner et elle nous suivit jusqu'à la porte de la cuisine. Je m'apprêtais à la faire entrer, mais maman s'y opposa fermement.

Avant de me mettre à table, je fis une bouillie de lait et de farine que je mis dans un bol pour Rosy. Au début, je crus qu'elle ne la mangerait pas. Je trempai alors mon doigt dans le mélange et je le lui tendis. Quand elle l'eut sucé, elle alla vers le bol. J'avais pris soin de choisir celui qui était ébréché, sans quoi j'aurais reçu une raclée.

Maman et tante Carrie reconnurent que Rosy était bien le plus joli petit goret qu'elles aient jamais vu.

– Rosy, c'est un nom qui lui va, dit maman.

– Je n'ai jamais entendu dire qu'on donne un nom à un cochon, bougonna tante Carrie.

– Salomon en a bien un, et Daisy aussi.

– Mangeons, dit papa, avant que nous n'ayons à baptiser tout ce qui nous entoure.

Après déjeuner, papa prit le chemin de la grange. Je le suivis, Rosy sur les talons. Il fit plusieurs fois le tour du bâtiment puis il s'arrêta sur le côté sud. Un pied posé sur une souche d'arbre, le coude appuyé sur son genou plié, il examina attentivement notre vieille resserre à maïs.

– A quoi penses-tu, papa ?

– Bob, cette resserre ferait un bon abri pour ton cochon, sauf qu'elle est un peu trop près de l'étable.

– Près ? Elle la touche, oui.

– Heureusement qu'elle est sur patins. Nous pourrons la tirer.

– Mais c'est impossible, papa. Nous n'avons qu'un seul bœuf.
– Salomon est bien capable de tirer ça, si nous l'aidons.
– Nous allons nous atteler à côté de lui ?
– Non, ce n'est pas une aide physique qu'il faut, mais un peu d'idée. Nous allons utiliser un cabestan – une sorte de gros treuil.
– Comme celui que tu as pris pour faire monter l'eau du puits chez tante Matty ?
– Exactement. Va chercher Salomon et méfie-toi de ses sabots.

J'amenai Salomon jusqu'à la resserre, une main posée sur sa corne, avançant de deux pas chaque fois qu'il en faisait un. Puis j'allai chercher son joug et ses étançons dans le hangar. Le joug était en noyer dur et pesait presque autant que moi. Je le transportai en deux temps. Papa apparut avec deux longs poteaux, une chaîne et une foreuse.

Avec la foreuse (qui ressemblait à un énorme tire-bouchon) il creusa un trou dans le pré, assez loin de la grange. Il attacha un caillou à un crin de cheval, le plongea dans le trou et le laissa pendre pour voir si la cavité était d'aplomb. Ensuite, il enfonça l'un des poteaux dans le fond. Il était presque aussi gros qu'un tronc d'arbre. Papa dit qu'il fallait trois mains pour en faire le tour. Il devait servir d'axe au cabestan.

Puis papa fixa dans l'axe le second poteau qui formait la barre horizontale du cabestan.

– Ça va, papa ?

– Ça ira. Salomon est prêt ?

– Viens m'aider, papa. Je n'arrive pas à poser le joug tout seul. Combien pèse-t-il ?

– Peut-être une cinquantaine de kilos.

– Presque autant que moi.

– Presque.

Quand Salomon fut mis au joug et attelé au cabestan, papa attacha une extrémité de la chaîne à la grange et l'autre à l'axe. Tout était prêt.

– Alors, dit papa, tu ne crois pas qu'un bœuf peut tirer cette resserre ?

– Non, elle est trop lourde. Si tu veux mon avis, même l'attelage de bais belges de Mr. Tanner ne pourrait pas la faire bouger.

Papa fit claquer sa langue et Salomon courba la tête sous le joug. Le treuil commença à tourner. Salomon marcha en rond et la chaîne se tendit peu à peu. Quand elle se raidit tout à fait, elle sauta sur le sol mais le brave Salomon n'arrêta pas de tourner. Après quoi, papa fit une chicane pour la chaîne, ainsi Salomon n'aurait pas à passer par-dessus à chaque tour. Le grand bœuf n'avait pas besoin d'aiguillon. Il décrivait son cercle de lui-même et la remise avançait progressivement vers l'axe.

– Regarde, papa : Salomon y arrive tout seul.
– Sûr qu'il y arrive. Il m'a dit qu'il ne voulait pas qu'un cochon ait sa chambre à coucher à côté de la sienne. Il respecte la loi shaker.
– Papa, tu crois tout ce que dit la loi shaker ?
– La plus grande partie. Je suis content que tout soit écrit dans le grand Livre des shakers.
– Comment sais-tu que c'est écrit, papa ? Tu ne sais pas lire.

Papa me regarda un moment avant de répondre.
– Non, je ne sais pas lire, mais on m'a lu notre loi et, justement, parce que je ne sais pas lire, j'ai su écouter de tout mon cœur. Je pensais que ce serait peut-être la seule et unique fois que j'apprendrais à en pénétrer tout le sens.
– Je ne suis pas tellement d'accord avec toutes les lois shakers, il y en a une surtout qui ne me plaît pas.
– Laquelle ?
– Celle qui défend d'assister à un match de base-ball le dimanche. Jacob Henry et son père y vont toujours. Pourquoi n'y allons-nous pas ?
– Bob, la loi des shakers défend les distractions futiles tous les jours et doublement le dimanche.
– Mais nous, on ne *jouerait* pas au base-ball.

On se contenterait de regarder et je voudrais bien voir jouer les Greemobys.
– Les Greemobys, qu'est-ce que c'est ?
– C'est l'abrégé de Green Mountain Boys. C'est à cause d'un certain Ethan Allen qui a été leur capitaine dans le temps ou bien leur gardien de but.
– Je ne comprends rien à ce jeu.
– Moi oui. A la bibliothèque de l'école, il y a un livre sur l'histoire du base-ball. Il parle beaucoup d'Abner Doubleday, mais il ne dit pas grand-chose sur Ethan Allen.
– Je suis incapable de faire une différence entre des joueurs de base-ball.

Salomon continuait à tourner en rond, rapprochant le hangar du cabestan un peu plus à chaque tour. Le poteau enveloppé de la chaîne toute noire avait l'air plus gros. Le bon bœuf tirait avec une vigueur remarquable. Il enroulait l'énorme chaîne aussi facilement que j'enroulais un fil de cerf-volant autour d'une bobine.
– La maîtresse dit que du moment que nous vivons dans un pays libre comme le Vermont, nous devons être fiers d'Ethan Allen et de ses Green Mountain Boys.
– Dieu merci, toute l'histoire qui m'intéresse est contenue dans notre Bible familiale qui se trouve sous le lit dans sa boîte, et dans le Livre des shakers.

– Je pense que c'est l'histoire qui nous force à déplacer cette resserre pour Rosy.

– C'est la sagesse.

– Il y a longtemps, quelqu'un a violé la loi des shakers. Il a mis ensemble une vache et un cochon et ils se sont battus férocement.

– C'est bien possible.

– Je me demande qui a gagné.

– C'est mauvais, une morsure de verrat.

– Je me demande qui aurait gagné si Ethan Allen s'était trouvé en face d'Abner Doubleday. Je devine pour qui miss Malcolm aurait parié.

– Ethan Allen ?

– C'est sûr. Elle dit que nous devons être aussi fiers de notre passé que de notre présent.

– Ce qui veut dire ?

– Que nous devons être fiers d'habiter le Vermont et être fiers aussi d'Ethan Allen comme nous devons être fiers de cet autre type qui habite dans une maison blanche.

– Il y a des tas de gens à Learning qui habitent dans une maison blanche.

– Je crois qu'elle veut parler de Calvin Coolidge. Nous devons être fiers de lui aussi.

– Je pense bien, c'est notre président.

– Miss Malcolm dit qu'elle a voté pour Calvin Coolidge et que c'est pour ça qu'il a été élu président. Elle dit que tout le Vermont a voté pour lui.

– Pas tout le monde.

– Tu as voté pour Calvin Coolidge, papa ?

– Non.

– Tu n'es donc pas républicain. Ils le sont presque tous dans la ville de Learning.

– Je ne suis pas républicain. Je ne suis pas démocrate non plus. Je ne suis rien.

– Pourquoi ?

– Parce que ne n'ai pas le droit de vote.

– Moi non plus, il faut avoir vingt et un ans pour voter et je n'en ai que douze.

– Remarque que j'en aurai bientôt soixante.

– Alors, pourquoi ne peux-tu pas voter ? C'est parce que tu es un shaker ?

– Non, c'est parce que je ne sais ni lire ni écrire. Les gens pensent qu'un type qui ne sait pas faire ce genre de choses n'a rien dans la tête. Même quand il a prouvé qu'il a le dos solide.

– Qui a décidé ça ?

– Des hommes qui ne me prennent pas pour ce que je suis. Ils me voient simplement signer avec une croix. Ils ne voient pas comment j'équarris une poutre pour construire notre grange, ils ne voient pas que mes rangées de maïs sont aussi droites que des piquets. Ils me voient simplement marcher dans les rues de Learning, vêtu avec des habits faits par ma femme. Ils ne s'aperçoivent pas que ma veste est solide et me tient chaud. Ça leur est égal que je n'aie pas de dettes et que je ne doive rien à personne.

– Et c'est pour ça que tu n'as pas le droit de voter, papa ?

– Oui, mon garçon, c'est pour ça.

– Et ça ne t'écœure pas ?

– Non, je sais ce que je vaux. Nous sommes des gens simples, ta mère, ta tante, tes sœurs, toi et moi. Nous vivons selon le Livre des shakers ; nous ne sommes pas des gens attachés aux biens du monde. De sorte que nous n'avons pas à peiner pour essayer de satisfaire des désirs ou des goûts futiles. Je ne suis pas écœuré parce que je sais que je suis riche et qu'ils sont pauvres.

– Mais *nous ne sommes pas riches,* papa. Nous sommes...

– Oui, nous sommes riches, fiston. Nous avons à prendre soin les uns des autres et aussi de cette terre qui sera entièrement à nous un jour. Nous avons Salomon qui est en train d'enrouler une chaîne autour d'un cabestan et qui nous soulage de nos corvées. Regarde-le donc : il a presque amené cette remise où nous voulons qu'elle soit. Nous avons le lait chaud de Daisy, de l'eau de pluie pour laver et nous décrasser. Nous pouvons contempler le coucher du soleil et nous en emplir la vue au point qu'il nous tire les larmes des yeux et nous fait battre le cœur. Nous entendons toute la musique qui est dans le vent, une musique telle que mon pied se met à frapper le sol en cadence. Tout comme un violon.

– Possible, papa, mais il me semble que nous avons surtout de la crasse et du travail.

– C'est vrai, mais c'est *notre* crasse, Bob. Cette terre sera à nous dans quelques années. Quant au travail, l'important c'est que nous ayons du cœur à l'ouvrage. Parfois, j'ai l'impression que je ne peux même plus égorger un seul cochon de Clay Sander. Pourtant, je continue parce qu'il faut que ce soit fait. C'est ma mission.

– C'est ce qu'ils prêchent au meeting des shakers ?

– Mais oui, et tout homme doit accomplir sa mission. La mienne, c'est d'égorger les cochons et je suis content d'être dans le tableau.

– Quel tableau ?

– Le tableau du Vermont, mon garçon. Sais-tu pourquoi le Vermont est un bon État ?

– Non.

– C'est simple comme bonjour. Ici, nous savons transformer l'herbe en lait et le maïs en porcs.

– Ça, c'est une vérité.

Continuant à tourner en rond, Salomon souffla bruyamment comme pour donner son approbation.

– On peut dire que la région est riche en maïs et en prés, dis-je. Si nous ne changions pas le tout en lait et en gorets on n'en viendrait jamais à bout.

– Probablement pas si nous étions tous des rêveurs comme toi. Il est vrai que le vieux Salomon est un rêveur lui aussi, pourtant il trace son cercle. Regarde comme il a tiré cette remise drôlement loin.

Je n'en croyais pas mes yeux. Pendant que nous bavardions, le bœuf avait tiré le hangar sur une longueur égale à deux fois la taille de papa.

Alors papa renforça les murs du logis de Rosy avec quelques planches fraîchement sciées.

– Papa !

– Ouais ?

– Tu prends du bois vert ?

– Comme tu vois.

– Je croyais que le bois devait sécher avant d'être employé pour la construction.

– A l'intérieur, oui ; mais tu peux placer du bois vert sur un mur extérieur, il séchera tout seul.

Papa fit des trous avec une chignole aux deux extrémités des planches et dans le vieux bois. Il prit un maillet pour enfoncer dans chaque trou une fiche de chêne blanc qu'il avait fait tremper dans de l'huile de lin. La porcherie était terminée.

Rosy coucha dans son domaine dès la première nuit qu'elle passa parmi nous. J'en fis autant parce je pensais qu'elle se sentirait dépaysée toute seule dans un nouveau logis, loin de sa grosse maman truie. Alors, nous nous blottîmes tous les deux dans la paille propre sous ce qui restait de la vieille couverture du cheval de Mr. Tanner.

Avec Rosy contre moi cette nuit-là, j'étais certainement le garçon le plus heureux de Learning.

V

Le lendemain était un dimanche.

Naturellement, j'accompagnai papa, maman et tante Carrie au meeting des shakers. Nous montâmes dans la charrette, que Salomon tira jusqu'à Learning. Aller et retour. Il faisait un temps superbe, mais le plus beau c'est qu'au meeting des shakers j'étais assis à une place d'où je pouvais regarder Becky Tate sans qu'elle me voie.

Dans l'après-midi, j'allai me promener avec Rosy sur la colline qui sépare notre terre de celle de Mr. Tanner. Je ne m'approchai pas trop de l'endroit où j'avais trouvé Bavette. Je ne tenais pas à le revoir de sitôt, et si je ne le revois jamais, je ne m'en plaindrai pas.

Rosy trottina dans les fourrés. Elle trouva sa première noix, qui restait de l'automne.

Elle la flaira un moment avec son petit groin rose puis elle voulut la faire craquer avec ses dents. Elle ne put y arriver mais ce n'était pas faute d'essayer. Alors, je posai la noix sur un rocher plat, je l'écrasai avec une pierre et j'en donnai le contenu à Rosy. Nous en trouvâmes d'autres. Rosy paraissait y prendre goût et presque chaque fois que je m'arrêtais pour en craquer une, elle approchait son groin du rocher.

En avril, il y a des petits ruisseaux qui courent partout et, dans les coins où les sapins sont serrés, il reste de-ci de-là quelques taches de neige ; là le sol est dur comme en hiver mais, dans l'ensemble, la terre est exposée au soleil. Elle est molle et brune et prête à recevoir la graine. L'un des petits ruisseaux n'était pas plus large que ma main, mais le courant était rapide. C'était l'endroit rêvé pour construire ce que j'avais envie de construire chaque printemps.

– Rosy, dis-je, as-tu jamais vu un moulin ? Je vais en fabriquer un. Alors regarde bien.

Je trouvai deux petites branches fourchues que j'enfonçai dans la boue, la fourche en l'air, sur les deux côtés du ruisseau. Puis je plaçai un axe en bois de tilleul d'une fourche à l'autre avec un tampon de boue dans l'angle de chacune des deux fourches pour que les deux extrémités de l'axe puissent tourner plus facilement. Il ne me restait plus qu'à tailler trois ou quatre palettes que je fixai à l'axe. J'enfonçai alors les deux branchettes plus profondément dans la boue jusqu'à ce que l'eau touche les lames des palettes, de façon que le fort courant du petit ruisseau les fasse tourner.

Rosy regarda un moment, mais les noix lui paraissaient certainement plus intéressantes.

Je la sentais vraiment bien à moi. Pendant que j'étais allongé sur un tapis d'aiguilles de pin, elle se promenait, mais elle ne s'écartait jamais trop. Pas plus loin qu'un tonneau qu'on envoie rouler d'un coup de pied. Puis elle s'aventura à quelque distance et un gros corbeau noir, perché sur une branche de noyer au-dessus de sa tête, poussa un croassement qui la fit sursauter et piailler comme si elle avait été piquée. Elle courut vers moi comme si le diable la poursuivait et ne s'arrêta de couiner que lorsqu'elle se fut réfugiée dans mes bras, me mettant de la bave partout. Je la laissai se blottir contre ma poitrine. Elle était vraiment à moi.

Quelques minutes après son aventure avec le corbeau, elle se promenait dans l'eau, pas loin de mon moulin. Elle faillit marcher sur une grenouille. Celle-ci sauta en l'air. Rosy aussi. Je ne sais laquelle des deux avait le plus peur de l'autre. La grenouille ne fit qu'un seul saut et ne bougea plus, comme si elle attendait l'ennemi.

Elle n'attendit pas longtemps. Rosy se ressaisit aussitôt et s'approcha d'elle pour la flairer. Cette fois, lorsqu'elle sauta, Rosy eut un mouvement de recul mais ne se troubla pas. Elle sentait sans doute que ce n'était qu'une pauvre vieille grenouille qui n'était pas dangereuse. Elle continua à la poursuivre tandis que la grenouille s'éloignait par bonds. C'était drôle à voir.

La grenouille était tellement occupée à fuir Rosy qu'elle commit une grosse erreur. Elle oublia complètement le vieux corbeau noir qui la guettait de son perchoir. L'oiseau astucieux comprit tout de suite qu'il avait un bon repas à sa portée. Il se laissa tomber comme une grosse pierre, fit gicler l'eau autour de lui et, d'un coup de bec, il tua la petite grenouille.

Au moment même où Rosy faisait un bond en arrière, je vis disparaître le ventre blanc de la grenouille dans le gosier du corbeau. Il devait se régaler. J'ai déjà mangé plusieurs fois des cuisses de grenouille. Alors, j'en connais le goût. On dirait du poulet ; seulement, il faut leur enlever la peau d'abord, sinon elles sont gluantes. On ne peut manger que les pattes arrière. On jette les autres aux volailles.

A propos de grenouilles, je me souviens qu'un jour où j'en nettoyais une quantité avec papa, je dis soudain :

– Papa, c'est tout de même dommage qu'on ne puisse manger que deux cuisses de grenouille au lieu de quatre.

– Tu sais ce que tu vas faire : attrape une grosse grenouille, apprivoise-la et essaie de lui apprendre à sauter en arrière. Comme ça, elle aura les pattes de devant aussi dodues que celles de derrière.

Eh bien, j'ai réellement essayé. Le lendemain, je suis allé près de la mare; j'ai attrapé une grenouille et je me suis évertué toute la matinée à lui apprendre à sauter en arrière pour qu'elle renforce ses pattes antérieures. Elle n'a rien voulu savoir. Papa n'a pas le sourire facile, mais je crois bien qu'il a souri ce jour-là.

Sans m'en rendre compte, je racontai tout haut cette histoire à Rosy. Je ne sais si elle lui parut aussi drôle qu'à papa, mais elle eut l'air amusé.

– Rosy, dis-je, ça te plairait de manger de la grenouille ce soir ?

Elle se contenta de me regarder avec ses drôles de petits yeux, ce qui voulait sans doute dire qu'elle était d'accord. Je laissai donc mon moulin tourner et je descendis la pente pour aller jusqu'à la mare. C'était là que j'avais pris la grenouille qui n'avait jamais voulu sauter en arrière. Peut-être y en aurait-il d'autres et je pourrais en offrir un plat à Rosy.

J'avançai sur le terrain marécageux, retournant les pierres dans l'espoir de trouver des grenouilles, mais il ne paraissait pas y en avoir beaucoup. Même aucune. Rosy me regardait patauger et chercher dans les joncs et sous les cailloux. Alors elle voulut tenter sa chance. Fourrant son petit groin rose entre deux pierres au bord de l'eau, elle trouva bien quelque chose du premier coup. Ça pouvait sauter en arrière, mais ce n'était pas une grenouille.

Elle poussa des cris perçants, car un gros crabe aux pinces vigoureuses était accroché à son groin. Miss Malcolm appelle ces bêtes des écrevisses, mais si l'une vous attrape un orteil, ça vous fait bien plus l'impression d'un crabe ! Et celui-ci, accroché au nez de Rosy, serrait de bon cœur. Je le détachai et le rejetai à l'eau. Mais mon goret continua à crier de toutes ses forces. Il devait avoir le groin tout endolori.

De la crête, nous apercevions la ferme de Mr. Tanner. Elle avait l'air prospère à côté de la nôtre. La grange était longue et toute peinte en blanc. Des clôtures blanches bordaient les chemins.

Sur un côté de la grande maison, toute blanche aussi, s'étalait un petit pré où broutaient Bavette et ses deux veaux. La seule vue de la grosse Holstein réveilla la douleur de mon bras. Les fils y étaient toujours et ils y resteraient sans doute jusqu'à ce que les poules aient des dents. Si maman avait l'intention de les enlever, elle ne m'en avait pas parlé. Je m'étais bien gardé de poser la question, pour le cas où ces fils feraient à moitié aussi mal en sortant qu'ils avaient fait mal en entrant. Je ne savais pas comment on pouvait ôter les fils d'un bras, mais je supposais qu'il fallait couper la chair et je n'allais pas prendre les devants pour subir de nouveau ce genre d'épreuve.

Je m'amusai à regarder de là-haut Bob et Bib qui gambadaient derrière leur mère. Bob portait mon nom. En réalité, je me nomme Robert Peck mais, très souvent, on m'appelle Bob. C'est le surnom que m'a donné Jacob Henry.

J'ai été baptisé Robert en souvenir du major Robert Rogers, qui semait la terreur parmi les Indiens. Il est mort maintenant, mais à une certaine époque, aucun Iroquois du Vermont ou de l'État de New York n'entendait son nom sans se mettre à trembler de peur. On raconte que c'était un shaker pur sang comme papa et moi, mais il ne s'habillait pas comme les shakers. Il portait des vêtements d'Indien – chemise et pantalon en peau et pas de chaussettes.

Le major Rogers est un homme très célèbre. Si célèbre que, de l'autre côté du lac à Ticonderoga, il y a un grand rocher à pic qui porte son nom. Les Indiens l'avaient poursuivi le long du contrefort, à l'ouest du lac George, et Robert Rogers s'était laissé glisser sur la pente raide de ce rocher en cherchant à fuir. C'est comme ça qu'il s'est échappé et c'est pourquoi il est si célèbre, d'après miss Malcolm.

– Rosy, dis-je, sais-tu que je porte le prénom du major Robert Rogers et qu'il était un shaker comme toi et moi ?

Si Rosy était contente de l'apprendre, elle le cachait bien. Elle continua à fouiller les fougères sans rien trouver, et moi je continuai à lui parler de Robert Rogers.

– C'est ainsi qu'il s'est échappé, Rosy. Bien sûr, d'après tout ce que j'ai entendu dire et lu dans mes livres d'histoire, il n'avait pas besoin de s'enfuir. Il aurait pu faire face à ces Indiens et les combattre un à un et les pousser en bas de ce rocher. Le rocher de Rogers, qu'il s'appelle.

Quand mon grand-père était encore en vie,

je lui avais dit un jour que le major Rogers haïssait les Indiens. C'est alors que mon grand-père avait affirmé que ce n'était pas vrai parce que beaucoup de femmes indiennes de ces régions avaient des enfants qui ressemblaient à Robert Rogers. Elles étaient certainement au mieux avec lui.

En tout cas, c'était sûrement un type formidable. Aussi, j'étais fier de porter son prénom.

– Allons, viens, Rosy, dis-je. C'est l'heure des travaux du soir. Il faut que je vous donne à manger, à Daisy, à Salomon et à toi. Et si je ne suis pas à la maison à l'heure des corvées, il y aura du grabuge. Papa sera furieux. Il aura raison. Ces travaux sont ma mission, pas la sienne.

Je dévalai la pente aussi vite que je le pus, simplement pour voir si Rosy était capable de me suivre. Elle n'eut aucun mal. Je courus à travers le pré jusqu'au ruisseau et, sans m'arrêter, je sautai par-dessus pour atterrir de l'autre côté. Rosy ne sauta pas mais elle fonça et le traversa comme une petite furie, faisant jaillir l'eau argentée tout autour de ses sabots.

– Viens vite, dit maman qui se tenait sur le seuil de la grange.

A l'intérieur, juste contre le mur chaud à côté de Daisy, il y avait un creux dans le foin ;

blottie au fond du creux, il y avait miss Sarah, notre chatte bigarrée, entourée des trois plus jolis chatons que j'aie jamais vus. L'un était bigarré comme elle. (Si c'était une femelle, elle avait des chances de vivre. Les bigarrés mâles ne vivent pas.) Un autre, le plus gros, était tigré, et le troisième tout blanc avec des taches de couleur sur le dos et les pattes arrière. Un merveilleux trio !

Miss Sarah avait l'air très heureuse, elle aussi. Elle ne cessait de ronronner comme si elle avait dans le corps un petit moteur qui ne pouvait pas s'arrêter de tourner. Et ses trois chatons au museau humide de lait se collaient à son ventre et tétaient goulûment.

– Regarde, Rosy, dis-je en lui soulevant le goret pour qu'il puisse voir miss Sarah et sa progéniture.

– Une chatte a beau avoir souvent des petits, dit maman, c'est chaque fois aussi joli à voir.

VI

Juin arriva. Le dernier jour d'école, j'étais heureux comme un roi.

Il faisait chaud cet après-midi, mais je courais vers la maison, mon bulletin scolaire plié dans ma poche. L'air était sec comme la poussière et j'étais content de rentrer à travers champs, sur l'herbe molle, au lieu de marcher sur la route pierreuse.

A ma droite, une charrette descendait la pente de la colline, dans la direction de la ville. Je ne connaissais ni les bêtes ni le conducteur. La charrette soulevait des nuages de poussière qui restaient suspendus dans l'air. Ils s'étiraient comme un long serpent qui semblait poursuivre l'attelage. Le conducteur avait enlevé sa veste et relevé ses manches de chemise. Il me semblait que c'était Isadore Crookshank, mais je n'en étais pas sûr.

Je suivis des yeux la charrette jusqu'au moment où elle disparut à un tournant de la route. Bientôt le serpent disparut lui aussi et ce fut comme si la charrette n'était jamais passée.

Arrivé à cinq cents mètres de la ferme je vis la resserre que Salomon avait déplacée avec le cabestan. Les planches neuves qui remplissaient les espaces entre les lattes étaient comme des rayures. En m'approchant un peu plus, j'aperçus mon cochon qui poursuivait un poulet. Je hurlai :

– Rosy !

Mais elle était trop loin pour m'entendre. Alors je me remis à courir, mais pas trop longtemps car il faisait vraiment chaud pour une journée de juin.

Quand je fus plus près, je l'appelai de nouveau. Cette fois, elle m'entendit et accourut aussitôt ! Mon Dieu ! qu'elle avait grandi ! Elle était chez nous depuis dix semaines et elle avait déjà à peu près ma taille. Je m'étendis dans l'herbe sur le dos de manière à bien voir sa tête penchée au-dessus de moi. J'avais toujours l'impression qu'elle souriait. En fait, je suis sûr qu'elle souriait. Quantité de choses sourient comme une fleur au soleil. D'ailleurs, si je souriais à sa vue, pourquoi n'en aurait-elle pas fait autant en me voyant ?

Je me levai et courus vers la maison. Rosy

me suivit, mais pas aussi vite que lorsqu'elle était petite. Le poids qu'elle avait pris ralentissait son allure. Au moment où j'atteignis la clôture, j'aperçus maman qui me faisait signe sur le seuil de la porte d'entrée. J'espérais qu'elle ne m'avait pas vu me rouler dans l'herbe avec mes vêtements de classe.

– Bob, dit-elle, regarde qui est là.

Elle était là, oui, assise dans notre meilleur fauteuil, vêtue de l'une de ses longues robes à fleurs multicolores et sentant si bon le parfum que j'en eus presque la nausée. *Elle,* c'étant tante Matty.

Elle habitait en ville, à Learning. Une fois par mois environ, elle venait voir maman. Ce n'était pas ma vraie tante comme Carrie, mais une cousine assez éloignée, ce qui voulait dire à mon avis qu'elle avait vécu assez loin avant de s'installer à Learning. En tout cas, elle était une amie de maman et de tante Carrie et elles sortaient la belle vaisselle pour boire le thé. Je l'appelais tante Matty ou taty Matt. Elle se nommait en réalité Martha Plover.

– Bonjour, tante Matty.

– Comme tu as grandi ! Tu pousses comme les mauvaises herbes.

Elle disait chaque fois la même chose, mais cela me faisait toujours plaisir.

– Merci, dis-je.

J'aurais dû sortir aussitôt pour me changer et mettre mes vêtements de travail. Mais, au lieu de partir, je fis la grosse gaffe de ma journée, gaffe qui aurait pu me gâcher tout mon été.

Comme un idiot, je sortis mon bulletin scolaire.

Je le montrai à maman et à tante Carrie. Elles savaient à peine lire, mais elles étaient capables de reconnaître un A. J'avais un A en géographie, en orthographe, en lecture, en arithmétique et en histoire. Ma seule autre note était un D en anglais et je me gardai bien de le faire remarquer. Aussi, comme maman et tante Carrie ne virent que des A, elles me firent des compliments.

Les choses se gâtèrent quand je montrai mon bulletin à tante Matty. Elle savait lire, elle. Seulement, elle ne paraissait pas connaître la lettre A. Malgré tous les A qu'elle voyait, seul mon D en anglais retenait son attention.

– Tu as un D en anglais !

A en juger par son attitude, c'était certainement la première fois que quelqu'un avait un D car cette vue lui donnait des vapeurs. Je crus que le choc allait la tuer. On aurait dit qu'elle venait de voir un fantôme. Le D ressortait sur la feuille, gros et noir comme miss Malcolm savait les tracer. Il s'étalait sur mon bulletin. Et ce fut plus que tante Matty n'en put supporter. Elle haleta et porta la main à sa gorge comme si elle manquait d'air.

– D en anglais ! dit-elle pour la seconde fois afin d'être sûre que pas une âme ne manquerait de l'entendre.

Eh bien ! me dis-je, ça y est. J'ai apporté le déshonneur dans la maison de mes parents. Un D en anglais semblait représenter un crime tellement affreux que personne ne pouvait survivre à cette honte.

– Bien sûr, ce n'est pas la fin du monde, reprit tante Matty, *il y a* un remède.

Remède ! Un mot qui me donnait la chair de poule. Maman m'obligeait à boire un remède pour une chose ou pour une autre chaque année en hiver et au printemps. Après quoi, je faisais un certain nombre de fois la navette entre la maison et l'arrière-cour. Le matin, à midi, le soir, et ce n'est pas drôle d'avoir le postérieur qui vous brûle comme un feu d'enfer.

– Ce garçon a besoin d'être redressé comme... comme une plante, dit tante Matty à maman.

Elle s'arrêta pour reprendre haleine et elle ajouta avec emphase :

– Ce qu'il lui faut, c'est un tut... tuteur.

A ces mots, je poussai un soupir de soulagement. Je savais bien ce qu'était un « tututeur ». Jacob Henry appelait ainsi son cornet à pistons. Il en jouait dans l'orchestre de l'école. Sachant qu'on n'allait pas me traîner à la cuisine, me prendre par l'oreille et me faire avaler un remède, je me sentais beaucoup plus à l'aise. Un cornet à pistons n'avait rien de bien plaisant, du moins c'est ce que je pensais en entendant les sons que Jacob en tirait, mais cela valait certainement mieux qu'un remède qui vous faisait courir, à peine avalé.

– C'est moi qui vais te dresser, dit tante Matty.

C'est alors que le fou rire me prit. Tante Matty, toute ronde et boudinée dans sa robe à fleurs avec tous ses colliers, avait une allure assez bizarre telle qu'elle était. Mais à l'idée de la voir déambuler soufflant dans un cornet à pistons, les joues toutes gonflées comme celles de Jacob, je ne pus me contenir. Je me représentais le spectacle : taty Matt et son cornet à pistons argenté remontant la grande rue de Learning à la tête de l'orchestre de l'école pour le défilé annuel du 4 juillet. Je me tenais les côtes.

J'aurais dû me méfier. Tante Matty ne put supporter de me voir rire. Un garçon affligé d'un D en anglais n'avait pas le droit d'être joyeux. Les paroles qu'elle prononça ensuite mirent fin à mon rire pour un moment.

– D en anglais ! Il n'y a vraiment pas de quoi rire. La prochaine fois ce sera un E pour Échec et tu sais ce que cela signifie ? L'expulsion. Tu descendras de classe. Alors, il n'y a pas de temps à perdre. Nous allons commencer tout de suite. Viens ici, Robert.

Tante Matty bondit sur ses pieds. Avec l'une de ses petites mains boudinées, elle me prit le bras et saisit son grand vieux sac à main avec l'autre. Je me rendis compte que l'affaire était sérieuse, comme semblaient le dire tous ses bracelets qui cliquetaient furieusement pendant qu'elle m'entraînait dans la salle. Bon, moi je voulais bien. Après tout, si elle tenait à jouer du cornet à pistons, je n'y voyais aucun inconvénient.

– La grammaire, dit-elle en me poussant avec force sur une chaise en bois. Avant d'épouser ton oncle Hume, j'étais professeur d'anglais. La grammaire, voilà ton point faible et c'est par là que nous allons commencer. D'ailleurs, avec la vie que tu mènes dans cette maison et avec toutes ces façons de shakers, il est même étonnant que tu saches parler. Tu n'aurais jamais un D en anglais si tu étais un bon baptiste.

Mon cœur faillit s'arrêter de battre. La

mère de Jacob Henry m'avait parlé des baptistes. D'après elle, c'étaient des gens bizarres : que vous sachiez nager ou non, ils vous plongeaient dans l'eau par trois fois pour voir si vous étiez vertueux ; si vous ne remontiez pas à la surface, vous mouriez et votre âme mortelle allait en enfer. Mais si vous remontiez, c'était encore pire. Vous étiez obligé de devenir baptiste.

Et voilà que je me trouvais seul avec une baptiste. Grâce au ciel, il n'y avait pas de mare dans notre salle. Quelle épreuve si une personne de la taille de tante Matty m'avait tenu enfoncé dans l'eau ! A cette seule pensée, j'eus le souffle coupé et je haletai bruyamment.

– Ça ne va pas ? demanda tante Matty en fouillant dans son grand sac à main.

Elle en sortit un minuscule mouchoir de dentelle pas beaucoup plus grand qu'un timbre-poste.

– Tiens, mouche-toi, dit-elle. Tu ne peux pas apprendre l'anglais en reniflant.

J'obéis. Elle reprit son mouchoir en le regardant d'un air désolé.

– Allons-y. Commençons par une petite épreuve grammaticale. Je vais te dire quelques phrases et tu trouveras celle qui est correcte.

– Oui, ma tante.

– Qui c'est qui a appelé ? Qu'est-ce qui a appelé ? Qui a appelé ?

Je restai muet comme une carpe. J'étais incapable de mettre deux idées bout à bout. Elle aurait pu me demander si j'étais Robert Peck, je n'aurais su répondre ni par oui ni par non.

– Eh bien ?

– Je ne sais pas, tante Matty. Elles me paraissent toutes correctes.

– C'est bien ce que je pensais dès le départ.

– Quel départ ?

– C'est une expression, Bob. Mes craintes sont justifiées. Tu ne sais pas la grammaire parce que tu ne sais pas faire un diagramme.

– Nous n'avons pas fait cela.

– Naturellement. L'ennui avec les professeurs actuels, c'est qu'ils négligent les diagrammes.

Tante Matty fouilla de nouveau dans son sac. Elle en tira une foule de choses avant de trouver ce qu'elle cherchait : une feuille de papier et un crayon.

– Voilà, dit-elle, écrivant aussi vite qu'elle parlait. Je vais écrire une phrase et tu vas faire un diagramme. Tu comprends ?

– Oui.

– Regarde : Jean a touché la balle avec le chapeau jaune de Joseph, fais-moi un diagramme de ça.

– Je ne peux pas, tante Matty.

– Je le sais bien que tu ne peux pas, mais un garçon qui a un D en anglais doit apprendre. D'abord, quel est le sujet ?

– L'anglais.

– Quoi ?

– L'anglais est le sujet où j'ai eu un D.

Tante Matty s'essuya le visage avec le mouchoir qui m'avait servi à me moucher. Elle poussa un grand soupir (comme Salomon quand il tire la charrue et qu'il arrive au bout d'un sillon) et je compris que la grammaire était un exercice drôlement pénible.

– Écoute, Bob, reprit-elle avec une grande douceur. J'ai enseigné l'anglais et il y a une chose que je n'ai jamais faite. Sais-tu ce que c'est ?

– Jouer du cornet à pistons.

– Pas exactement. Je ne me suis jamais mise en colère. Un bon professeur ne se fâche pas, même si ses élèves sont stupides.

– C'est une bonne chose parce que, dans mon école, il y a pas mal d'imbéciles.

Pendant qu'elle s'éventait avec son mouchoir, je me demandais à quoi elle pouvait bien penser. J'étais heureux d'apprendre qu'elle ne se fâchait jamais. Un professeur en colère ce n'est déjà pas drôle, mais je ne savais pas comment j'aurais pu faire face à une baptiste furieuse.

Prenant le crayon, tante Matty se mit à

tracer des lignes et des cercles (et quelques autres figures que je n'avais jamais vues auparavant et n'ai jamais revues depuis). Elle plaça un zigzag ici, un coude là, le papier était tout couvert d'ovales et de fioritures. J'avais devant les yeux un dessin des plus bizarres. La phrase était toujours visible, mais elle avait des bras et des jambes qui s'en allaient dans six directions différentes. Le tout ressemblait à un amas de fils de fer barbelés, et plus la feuille était gribouillée, plus tante Matty paraissait fière de son œuvre.

– Regarde, dit-elle enfin en essayant de détacher le crayon qui se collait à ses doigts. *Voilà* ce qu'est un diagramme.

Je n'avais pas la moindre envie de rire. Tante Carrie disait toujours que seuls les imbéciles défient les esprits des ténèbres. Je ne savais pas jusqu'à quel point c'était vrai mais, il y a des années, dans la ville de Learning, quelqu'un avait rencontré une vieille sorcière. Il lui suffisait de regarder une grange pour que celle-ci soit réduite en cendres. Cette sorcière pouvait tarir un ruisseau avec un simple claquement de doigts et faire tourner le lait d'une vache avant qu'il n'arrive dans le seau. On disait que, sur un seul regard de cette bonne femme, le mildiou se mettait dans le fourrage et la peinture s'écaillait. Elle devait être baptiste.

– Ça alors, tante Matty ! m'écriai-je. Maintenant j'aurai un A en anglais, c'est sûr.

Elle me tendit le papier sur lequel elle avait transpiré comme si elle avait fait des confitures.

– Tiens, emporte-le dans ta chambre et épingle-le au mur.

Elle me le mit dans la main et je sentis le contact funeste de la feuille pendant que je montais et redescendais les marches de l'escalier.

– Tu as remercié tante Matty ? demanda maman. Faut pas que tu oublies les bonnes manières.

– Merci, tante Matty. Maintenant je dois aller au boulot. Si le travail n'est pas fait, on n'en finira pas de se chamailler, papa et moi.

Je pris bien soin de ne pas claquer la porte. Dehors, Rosy m'attendait et nous fîmes la course tous les deux jusqu'à la barrière de l'enclos. Au moment où je quittais la maison, j'entendis le cliquetis des bracelets de tante Matty et la question de maman :

– Comment s'est passée la première leçon ?

– La prochaine, je la donnerai au cochon, répondit tante Matty.

VII

En haut de la colline, au nord de la maison, il y avait un grand espace découvert qui s'étendait sur plus d'un kilomètre avant le bois.

L'herbe était haute maintenant. Comme j'avais aidé papa toute la journée à charger le foin, j'étais content, une fois la besogne terminée, de pouvoir m'allonger dans l'herbe douce sans rien faire sinon attendre le soir.

Rosy était étendue près de moi. Elle se reposait aussi, bien qu'elle ne se soit pas fatiguée au travail. Elle formait un monticule blanc au milieu du champ d'herbe folle et de trèfle mauve. De-ci de-là, ressortait une tache rouge ou jaune qui ne voulait pas se fondre dans le trèfle et tenait à rester ce qu'elle était.

Toute la colline était couverte de trèfle mauve et, au coucher du soleil, il semblait plus mauve que jamais. Rosy se roulait dedans, tantôt d'un côté, tantôt de l'autre. Je savais que ce contact lui plaisait parce que moi-même je me sentais bien dans ce lit de trèfle. Il était tout fleuri. On pouvait prendre une petite boule et arracher les tiges de fleurs rosées. Elles étaient bonnes à sucer, sucrées comme le miel que les abeilles font avec leur suc.

J'en pris une entre les dents ; je suçai le nectar et recrachai la pulpe. C'était bon. J'essayai d'en faire goûter à Rosy, mais je suppose que les gorets ne sont pas tellement friands de trèfle.

Un faucon planait dans le ciel. Il volait bas pour un faucon. Il venait sans doute de quitter son nid et décrivait le premier cercle de son vol du soir. Il s'éleva en remuant à peine les ailes. Quand il passa au-dessus de ma tête, je pus distinguer le rouge de sa queue se détachant comme une torche sur les plumes aux teintes plus douces du dessous du corps.

Il monta, monta, décrivant des cercles de plus en plus larges en se dirigeant vers le sud au-dessus du pré qui entourait notre ferme. Il était tellement haut que je ne voyais plus qu'un point noir avec des ailes. Au-dessus de lui, les nuages avaient pris une teinte orange comme celle du jus de pêche que maman verse sur le lait caillé. A la boucle ouest de son cercle, je le perdis presque de vue dans le soleil couchant.

Mais il ne tarda pas à revenir. J'espérais qu'il se rapprocherait pour que je puisse le regarder tournoyer. Quand la tache minuscule de son corps passa au-dessus de nous, elle s'immobilisa un instant et parut se coller à un nuage, puis elle se mit à grossir à vue d'œil. J'eus l'impression qu'il tombait comme une pierre; je ne voyais plus ses ailes. Je m'assis pour le regarder plonger et je crus pendant une seconde qu'il allait fondre sur moi.

Je savais pourtant bien que ce n'était pas à moi qu'il en avait. Il descendait de plus en plus bas sans bouger ses ailes comme si elles étaient chevillées à son corps et qu'il ne pouvait freiner sa chute. Il allait sûrement percuter le sol et je sautai sur mes pieds pour le voir.

Boum ! Le faucon s'abattit à quelques mètres de l'endroit où je me trouvais, dans un terrain sans trèfle qui avait été un pâturage. De l'autre côté d'un genévrier, il frappa quelque chose qui était aussi gros que lui. Quelle que fût cette proie, elle se débattait sur le sol. Le faucon, dont les serres s'étaient enfoncées dans la fourrure de sa victime, fut bel et bien traîné à travers le genévrier mais il lui suffisait de rester accroché et d'enfoncer ses serres dans le cœur ou les poumons de sa proie.

C'est alors que j'entendis le cri, un cri si pitoyable que même Rosy se dressa sur ses pattes. Je ne l'avais entendu qu'une seule fois, c'était le cri de mort d'un lapin et il ne s'oublie pas facilement. On dirait un vagissement de nouveau-né, ou un appel au secours, la prière d'un être torturé qui supplie qu'on l'achève. C'est le seul cri que pousse un lapin au cours de sa vie – ce seul cri de mort et tout est fini.

La queue laineuse avait cessé de s'agiter et le faucon se reposait après la lutte, essayant sans doute de reprendre son souffle. Je ne bougeais pas et Rosy non plus. Nous restions tous les deux immobiles dans le trèfle comme si nous étions figés. Le faucon nous avait vus, c'est certain, mais il s'en fichait éperdument.

Je rampai lentement dans le trèfle pour me rapprocher de l'oiseau en prenant soin de maintenir le genévrier entre lui et moi. J'espérais bien que mon gros cochon blanc ne viendrait pas voir ce qui se passait. Je n'avançai que de deux mètres et c'est tout. Le faucon déploya ses longues ailes, les agita et prit son vol. Je pouvais dire que le lapin était mort à voir la façon dont il pendait mollement dans les serres du faucon. Il vola d'abord à ras du sol pour atteindre une vitesse qui lui permettrait de monter. Le lapin devait être un lourd fardeau pour lui, mais il allait faire un bon repas à coup sûr.

L'herbe me fouettait les jambes pendant que je le poursuivais aussi vite que je le pouvais pour voir où se trouvait son nid. Rosy ne voulait rien manquer, aussi était-elle sur mes talons, mais je perdis le faucon de vue. Il disparut simplement derrière une colline. J'aurais pourtant bien voulu voir son nid et regarder comment il déchirait ce petit lapin et nourrissait sa couvée avec la chair fraîche. Je parie qu'à peine ils l'ont vu approcher du nid, les petits ont ouvert le bec tout grand, prêts à engloutir des morceaux de lapin chaud.

Chaque fois que nous tuions un lapin, papa lui frottait le ventre à rebrousse-poil pour voir s'il était sain. S'il sentait des bosses sous ses doigts, il l'enterrait parce que l'animal avait la rage. S'il était en bonne santé, c'était fameux.

L'eau me montait à la bouche rien qu'en y pensant. J'avais souvent mangé du lapin, c'était meilleur que l'oie. Maman était drôlement bonne cuisinière et préparait le lapin mieux que quiconque. D'ailleurs, elle réussissait toujours à transformer en bon plat tout le gibier à poil ou à plumes que nous abattions, papa ou moi.

En somme, si ces petits faucons dévoraient le lapin, c'était simplement parce qu'ils m'avaient devancé. Je ne savais pas si Rosy aimerait le lapin, mais tous les cochons sont amateurs de viande. Comment ne le seraient-ils pas, avec leurs quarante-quatre dents, dit papa. C'était plus que je n'en avais, moi. Alors, peut-être, ma brave Rosy mangerait aussi volontiers du lapin. Il paraît qu'une truie mange sa portée si elle n'est pas assez nourrie. C'est ce que papa m'a dit.

En tout cas, je nourrissais bien ma Rosy. Pour être sûr qu'elle pousserait comme il faut, je lui donnais autant de maïs, de blé, d'orge, d'avoine et de sorgho que je pouvais m'en procurer auprès de papa et de Mr. Tanner. Elle buvait aussi un peu de bon lait frais de Daisy et, chaque fois que j'allais à la pêche, je lui apportais du poisson. Quand je le pouvais, je lui faisais manger de la farine de soja et de la luzerne. Maman disait :

– Bob, tu nourris mieux ton cochon que tu ne te nourris toi-même.

C'était probablement vrai. Rosy était mon cochon à moi, elle était à moi et je voulais bien être pendu si elle ne mangeait pas comme il faut.

En plus de la nourriture solide, elle avalait environ cinq litres d'eau par jour. Et comme

Salomon et Daisy, elle aimait l'eau fraîche et propre. Un jour, j'arrivai chez Jacob Henry pendant qu'il donnait à boire à ses bêtes, un cheval et une vache. Il n'avait qu'un seau pour les deux et il devait toujours faire boire le cheval le premier parce qu'une vache veut bien boire après un cheval mais aucun cheval n'accepte de boire après une vache. Il ne boit qu'un seau d'eau quand une vache en boit trois, mais il doit être servi le premier.

Dans ma chambre, je notais tout ce que je donnais à manger à Rosy. D'après mes calculs, elle devait prendre cinquante kilos pour cent soixante-quinze kilos de nourriture. Pendant que j'étais couché dans l'herbe, mâchonnant une baie de genévrier, elle vint se frotter contre moi, caresse un peu brutale car elle avait drôlement grossi. J'aurais dû renoncer à mon pâté du petit déjeuner si j'avais grossi autant qu'elle.

– Rosy, dis-je, tu es bien soignée, tu sais. Tu es à l'abri, tu as de l'ombre et ta litière est bien propre. Tu as toujours de la paille sèche pour dormir et le coin de marais à côté du ruisseau pour te rouler dans la boue. J'arrose même la cour pour que la poussière n'entre pas dans tes narines.

Elle poussa un grognement. Je sais que ce n'était pas une façon de remercier, mais je m'amusai à faire semblant de le croire.

– Il n'y a pas de quoi, Rosy, et je continuerai à bien prendre soin de toi, car sais-tu ce que tu vas devenir ? Pas du porc. Non, mademoiselle. Tu seras une truie reproductrice et tu vivras très longtemps. Pour ça, il faut que tu aies la taille voulue et que tu entres en chaleur comme toute bonne truie qui se respecte. Alors on te mariera au verrat de Mr. Tanner. Attends un peu de voir Samson. D'après papa, c'est le meilleur verrat reproducteur de Learning. Tu devrais avoir au moins huit petits à ta première portée et dix aux autres.

Rosy ne parut pas tellement intéressée par mes discours sur ses futures maternités. Elle s'éloigna pour happer une abeille.

– Tu dois être la dernière abeille dehors, dis-je à l'insecte. Rentre vite chez toi. Il commence à faire nuit.

Le ciel était tout rose et couleur de pêche. En le regardant on se sentait propre, même si on avait travaillé toute la journée. Nous descendîmes ensemble la pente de la colline ; Rosy le nez au sol comme elle faisait toujours, et moi les yeux levés sur le soleil couchant ; ce bon vieux soleil semblait se retirer et nous abandonner.

Je rentrai Rosy et je l'embrassai plus fort que d'habitude. En retournant à la maison, je rencontrai papa qui allait vers la grange. L'un des chatons était là aussi. Je le pris dans mes bras. Ses griffes minuscules s'enfoncèrent à travers ma chemise dans mon épaule, jusqu'au moment où je le tins assez serré pour qu'il n'ait plus peur de tomber.

Papa avait réparé un harnais pour Mr. Sander et j'attendis qu'il ait rangé chacun de ses outils à sa place sur le mur du hangar. Ensuite nous nous assîmes dehors sur un banc devant le mur ouest de la grange. Je tenais toujours le chaton pendant que nous regardions les dernières lueurs du soleil couchant. Le rose devint violet et le violet fut remplacé par ce que maman appelait le gris shaker.

– Papa, dis-je, je crois que, de tout ce qu'il y a à voir dans le monde, c'est le ciel au coucher du soleil que je préférerai toujours. Et toi ?

– Le ciel est beau à regarder, dit-il, et j'ai comme une idée que c'est aussi un endroit où il doit être bon d'aller.

VIII

Je n'avais aucune idée de l'heure et je ne m'en souciais guère, en pleine nuit et avec cette pluie torrentielle.

Le tonnerre grondait. Comme l'eau entrait par ma fenêtre, je la fermai. De ma chambre je distinguai, à travers la pluie, la flamme jaune d'une lanterne à l'intérieur de la grange.

Un bruit de voix me parvint. En bas, maman et tante Carrie parlaient avec une autre personne. Au moment de me remettre au lit, je me ravisai ; j'allai dans l'angle de l'escalier et je prêtai l'oreille. Alors, je reconnus la voix de Mrs. Hillman qui habitait en haut de la route. Elle se tenait sur le seuil de la porte, une lanterne à la main.

Maman et tante Carrie essayaient de la faire entrer. Il fut question d'une tasse de thé, mais il pleuvait si fort que je ne pouvais attraper que des bribes de conversation. Mrs. Hillman finit par entrer, la porte fut fermée, ce qui me permit de mieux entendre.

– Il est parti, disait Mrs. Hillman. Sebring est parti. Je l'ai entendu emmener l'attelage et ne croyez pas que j'ignore où il est allé. Il a pris la bêche et tout. Il a choisi une nuit comme celle-ci pour que personne ne le voie s'en prendre à la tombe.

On reparla d'une tasse de thé et j'entendis un bruit de vaisselle au fond de la cuisine.

– Cette Letty Phelps, la parente de votre mari, elle est entrée en service chez nous il y a des années, quand j'étais malade. Je sais tout. Je voyais de ma fenêtre ce qui se passait. Je la voyais aller à la grange avec lui. Et puis sont venus les ennuis, la naissance et la mort.

Papa arriva de dehors en secouant son ciré. Il le posa sur la planche à égoutter près de l'évier. J'étais à peine recouché lorsqu'il m'appela.

– Bob, lève-toi, habille-toi et attelle le bœuf à la charrette.

Je m'habillai si vite que je mis mon pantalon sens devant derrière, ce qui faisait un drôle d'effet. J'enfilai mes bottes sur mes pieds nus. Je courus en bas et me précipitai dans l'étable. Avec tout ce vacarme, Salomon et Daisy s'étaient réveillés. Peut-être que, comme moi, ils se demandaient ce qui se passait.

J'attelai Salomon. J'arrivai à grand-peine à lui mettre le joug. C'était la première fois que je le faisais tout seul. J'étais pressé de retourner à la cuisine pour savoir ce que signifiait tout ce remue-ménage. Je me sentis soudain l'estomac vide et je me mis à trembler. Juste au moment où je m'apprêtais à foncer à travers la pluie pour rentrer à la maison, papa arriva avec une grosse lanterne et un fusil.

Avant que j'aie eu le temps de lui poser une question, il me fit monter sur le siège de la charrette et me couvrit avec une vieille peau de buffle.

– Tiens la lanterne, fiston.

Il piqua la croupe de Salomon avec une longue baguette. Et la voiture sortit dans la pluie et la nuit noire. Je tournai les yeux vers la maison avec regret. J'avais surtout envie de retrouver mon lit. La fenêtre éclairée devenait de plus en plus petite et je me demandais où nous allions.

– On parle d'une nouvelle route ! hurla papa à travers l'averse. Il paraît qu'elle est assez large pour couper l'angle du cimetière à la salle des meetings.

– C'est là que nous allons, papa ?
– C'est là.
– Pour quoi faire ?
– Nous n'allons pas laisser Sebring Hillman profaner la tombe de l'un des nôtres.
– Profaner, qu'est-ce que c'est ?
– Déterrer.

Ainsi nous allions au cimetière. Je n'en savais pas davantage. Les intentions et les raisons de Mr. Hillman m'échappaient. D'ailleurs il faisait froid et humide et j'avais envie de dormir.

– Cale-toi bien, dit papa, et ne laisse surtout pas tomber la lanterne.

Deux fois nous dûmes descendre pour pousser la charrette qui s'était embourbée. La boue se collait aux roues de même qu'elle aspirait les bottes. On avait l'impression de patauger dans du sirop.

Quand nous arrivâmes à Learning, la ville était endormie. Nous bifurquâmes à l'angle du grand magasin pour prendre la direction de la salle des meetings. Dans le cimetière, aucune lanterne ne brûlait, mais nous pouvions entendre le bruit de la bêche qui heurtait le bois. C'était un son lugubre. Salomon s'arrêta à la porte du cimetière et nous allâmes à pied vers l'endroit où Sebring Hillman creusait. Il fut pris dans le cercle de

lumière de notre lanterne. Il était couvert de boue brune.
– Qui est là ? demanda-t-il en levant les yeux du trou.
– Vos voisins, Seb, répondit papa. Haven Peck et son fils Robert. On est venus pour vous ramener chez vous.
– Pas avant que j'aie fini ma besogne. Pas avant que le péché et le mal soient réparés au vu et au su de tous.
– C'est ma parente, dit papa, et je ne veux pas que les miens soient déterrés sous couvert de la nuit. Je vous conseille de lâcher votre bêche.

Je serrai la peau de buffle humide tout contre mon corps. Papa tenait le fusil dans le creux de son bras, le canon baissé. Hillman sortit du trou, tenant la pelle en l'air. Il avait le visage ruisselant de pluie. Il regarda les deux canons du fusil de papa.
– Vous avez un fusil, dit-il d'une voix éperdue.
– C'est pour les bêtes, pas pour les voisins.
– Je n'ai pas l'intention de toucher au cercueil de Letty. C'est la vérité vraie.
– Ça vaut mieux.

Papa alla chercher une pelle dans la charrette et les deux hommes fouillèrent la boue. Ils trouvèrent un cercueil plus petit et le sortirent, puis ils replacèrent la terre comme elle était avant. La pierre tombale portait l'inscription PHELPS. Elle n'avait pas été touchée.

– On pourrait enterrer l'enfant dans notre verger, dit papa.

Sebring Hillman souleva alors le petit cercueil et le serra contre sa poitrine. C'était un homme vigoureux, il pouvait le porter tout seul.

– Elle n'a pas de famille ! hurla-t-il sous la pluie. Ils ont tous quitté la ville quand elle a noyé son enfant et s'est pendue après. Je ne peux pas défaire ce qui est fait, mais la petite est à moi. Vous entendez, Haven ? Cette enfant est à moi. Je la réclame corps et âme.

– Vous allez réveiller la ville, dit papa.

– Je l'espère bien. A l'époque, je ne me suis pas manifesté, mais, bon Dieu, je le fais maintenant. J'avoue. Cette petite fille est à moi. Elle est la propriété de Hillman.

– Ainsi soit-il, dit papa. Il faut que nos enfants retrouvent leur chez-soi.

Nous regardâmes Mr. Hillman transporter le petit cercueil dans sa charrette, cachée derrière la salle des meetings. Nous le suivîmes pour l'éclairer avec notre lanterne. Il attacha solidement le cercueil avec une corde et il s'apprêta à monter sur le siège avec ses vêtements tout trempés.

– Vous n'avez pas de ciré ? demanda papa.

– Non.

– Attachez votre attelage derrière notre charrette et montez avec nous. Nous avons une couverture et des vêtements secs.

– D'accord.

J'étais assis entre papa et Mr. Hillman. Ils me tenaient chaud ; la peau de buffle dégageait une odeur d'humidité et de moisi. Mr. Hillman tenait la lanterne, éclairant la croupe puissante de Salomon le long de la route sombre qui menait de la ville à notre ferme.

– Haven, dit Hillman.

– Ouais.

– Je regrette pour votre cousine Letty et pour la tombe.

– C'est fini. Pour l'instant, je ne pense qu'au petit déjeuner.

– Et moi donc !

– Votre femme est chez nous.

– May ? May est chez vous ? C'est pour ça que vous êtes venus ?

– C'est pour ça.

– C'est une brave femme.

– On est arrivés, papa ? demandai-je.

– Presque.

– Je voudrais bien mon petit déjeuner.

– Moi aussi, dit Sebring Hillman. Je mangerais à m'en faire craquer la sous-ventrière. Y a longtemps que je ne me suis pas senti aussi bien.

– Mr. Hillman ?

– Oui, mon garçon ?

– C'est vraiment votre petite fille qui est dans le cercueil ?

– Oui, Robert. Et, si vous le voulez bien, ton papa et toi, je vais l'enterrer dans ma terre et sous le nom des Hillman.

– Je pense que c'est juste, dis-je en m'assoupissant.

Quand la charrette s'engagea dans le chemin qui conduisait à la maison, la pluie s'était arrêtée. L'aube se levait. Quand papa me descendit du siège, j'ouvris les yeux. La cuisine était éclairée.

– Le café est prêt, remarqua papa.

– Ça fera du bien, dit Hillman.

Je me dirigeai vers la maison avec lui pendant que papa ramenait Salomon à l'étable. Nous allâmes à la porte de la cuisine à cause de la boue. Il m'enleva mes bottes et j'entrai. Hillman dit qu'il était trop crotté pour entrer. Mrs. Hillman était assise là. Elle le regarda sans mot dire. Maman tendit un bol de café chaud à Mr. Hillman.

– Merci, murmura-t-il.

Maman me regarda attentivement, me poussa dans l'arrière-cuisine et me déshabilla de la tête aux pieds.

– Tu as l'air d'une pomme de terre déterrée par un jour de pluie, me dit-elle.

Et elle se mit à me frictionner avec un sac

à farine. Elle y allait de si bon cœur que je me demandais si ma peau n'allait pas tomber en lambeaux. Puis elle m'enveloppa dans une couverture qu'elle sortit du séchoir au-dessus du fourneau. Ensuite, elle me fit avaler une grande cuillerée de miel chaud.

En traversant la cuisine pour gagner l'escalier, je vis Mr. Hillman toujours debout sur le seuil de la porte, tenant le bol de café à deux mains. Il le but jusqu'à la dernière goutte. Il était encore couvert de boue humide.

– Rentrons, May, dit-il à sa femme.

Ils sortirent, détachèrent leur attelage et se dirigèrent vers leur maison.

Ils emportaient avec eux un cercueil d'enfant.

IX

J'étais dehors devant la fenêtre de la cuisine, trop occupé à laver Rosy pour écouter attentivement.

Tante Carrie et maman discutaient avec animation de quelque chose que je ne comprenais pas, mais c'était ma tante qui paraissait la plus affectée.

– C'est une honte, grondait-elle.

A ce moment, j'entendis un bruit métallique ; je supposai que tante Carrie passait sa colère sur les boîtes de pâté.

– Une vraie honte, poursuivit-elle. Ces deux-là qui vivent sous le même toit sans être mariés. Tu sais aussi bien que moi ce qui se passe dans cette maison, sous notre nez.

– Peut-être bien que notre nez n'est pas là où il devrait être.

– Tu as entendu ce qu'a dit Matty Plover l'autre jour.

– Matty parle plus qu'elle ne prie.
– Sous notre nez, toute cette ordure.
– Écoute, Carrie, tu sais aussi bien que moi que la veuve Bascom et son garçon de ferme ne vivent pas sous notre nez. Ils habitent à plus d'un kilomètre en bas de la route.
– C'est encore trop près pour mon goût.
– Après tout, la veuve Bascom a bien droit à un peu de plaisir et lui aussi.
– C'est honteux. Quand je pense que Vernal Bascom n'est pas encore refroidi dans sa tombe ! Le malheureux !
– Voyons, Carrie, il est parti depuis plus de deux ans, peut-être même trois, et tu le sais bien.
– Elle n'a pas perdu de temps pour se louer un homme !
– Haven dit que c'est un rude travailleur et je trouve que la ferme Bascom n'a jamais aussi bien marché. Elle n'aurait pas pu la tenir toute seule. La vie n'est pas facile pour une veuve.
– Facile, c'est le mot qui lui va.
– Ce qui se passe dans l'alcôve des voisins ne me regarde pas, dit maman.
– Il s'en passe pourtant. C'est un beau gaillard et je parie qu'il a plus d'un an de moins qu'elle.
– Tu l'as vu ?
– Non.

– Tu as simplement entendu les ragots de Matty.
– Hume a dit à Matty que la semaine dernière, en passant devant la ferme Bascom tard le soir, il a entendu des rires et toutes les lumières de la maison étaient éteintes.
– Ça arrive quelquefois, dit maman.
– Qu'est-ce qui arrive ?
– On a souvent des raisons de rire dans le noir.
– Hume a tout entendu.
– Je parie qu'il a arrêté son cheval pour pouvoir écouter.
– Hume est un homme convenable.
– Convenable et ennuyeux. Ce n'est pas avec lui qu'on pourrait rire dans le noir.
– Quelle honte !
– Je pense que si jamais Hume souriait, il lui tomberait une dent.
– Hume a entendu ce qu'il a entendu. Il a dit à Matty qu'il y avait tellement de boucan là-dedans qu'il a eu envie de lancer son cheval au galop jusqu'au cimetière pour aller réveiller Vernal.
– Vernal Bascom n'était pas tellement réveillé de son vivant. Maintenant qu'il repose en paix, qu'il le laisse donc dormir.
– Amen.
– Je vois d'ici le tableau, dit maman.
– Quel tableau ?

– Hume Plover au cimetière parlant tout bas à Vernal. Il ne lui a jamais dit un mot quand il était en vie. Et maintenant qu'il est mort, il veut commencer à bavarder avec lui.

– Tu parles, tu parles.

– Mais oui, miss Carrie. On n'a pas tellement l'occasion de s'amuser en ce bas monde. Alors l'idée de Hume Plover partant au galop pour aller parler aux morts me met en joie. Je ne souhaite qu'une chose, c'est que la veuve Bascom et son domestique puissent s'en amuser aussi.

Maman riait.

– C'est une honte ! dit Carrie.

– Et si Iris Bascom et son homme rient dans la nuit, je leur donne ma bénédiction.

Assis sur mon banc, essayant de nettoyer Rosy, je me rappelai le jour où j'avais eu affaire à la veuve Bascom.

C'était après la mort de Vernal. Elle vivait seule. J'avais traversé son carré de fraises et son arrière-cour avec Jacob Henry. Elle était sortie, armée d'un balai, et nous avait barré la route en moins de temps qu'il n'en faut pour le dire. Elle tapa si fort que, pendant une semaine, le moindre pas nous arrachait des larmes. Son manche à balai me fit une vilaine écorchure au tibia tant le coup avait été rude.

Je touchai ma jambe à l'endroit où le balai de la veuve Bascom s'était abattu. La cicatrice était toujours là. Inutile de dire que Jacob n'avait pas parlé de cette aventure à sa mère. Quant à moi, je m'étais bien gardé de la raconter à mes parents. J'aurais sûrement reçu une autre raclée. Papa n'admettait pas qu'on empiète sur le territoire des autres.

C'était ma première rencontre avec Mrs. Bascom. Je l'avais revue l'avant-veille de la discussion entre tante Carrie et maman. Je marchais sur la route qui passait devant sa maison – et pas à travers ses sacrés plants de fraises. Elle sortit et m'appela.

– Bonjour ! cria-t-elle.

– Bonjour, Mrs. Bascom, répondis-je, mais je me gardai bien de m'arrêter.

– Ces pots de fleurs sont tellement lourds. Ça t'ennuierait de m'aider à en charrier quelques-uns ?

Je cherchai du regard ce maudit balai qui avait bien trois mètres de long et qui devait être en fer. Il n'était pas en vue. Rassuré, je grimpai les marches et je m'approchai. Elle souriait.

– Les pots de fleurs remplis de terre sont drôlement pesants. Impossible de les déménager autrement qu'en les traînant.

– Je peux les porter, dis-je en soulevant un grand pot.

– Fichtre ! Tu es costaud !

– Je peux aussi atteler notre bœuf tout seul.

Si elle voulait être aimable, je n'y voyais pas d'inconvénient. C'était décidément mieux qu'une raclée. Je l'aidai donc à transporter les pots de fleurs. La loi des shakers nous commande de rendre service à nos voisins. D'ailleurs, ce n'était pas encore l'heure d'aider à la maison et j'avais le temps de faire ce boulot.

– Merci, dit-elle quand tous les pots furent placés dans un coin ensoleillé.

Jamais je n'avais vu autant de fleurs. Elles étaient toutes plus jolies les unes que les autres, fraîches comme Mrs. Bascom.

– Pas de quoi, répondis-je.

– Attends un peu.

Et elle disparut dans la maison. Un instant plus tard, elle revenait avec un pot de babeurre et une assiette généreusement garnie de morceaux de pain d'épice gros comme des quartiers de lune.

– Tiens, dit-elle. Je parie que tu as faim.

– J'ai toujours faim. J'ai un ver solitaire.

– C'est pas vrai.

– Non, je ne crois pas. J'ai vu une fois un ver solitaire qui sortait d'un cochon. C'était horrible. Oh, excusez-moi ; je n'aurais pas dû dire ça.

Je buvais le bon babeurre frais et j'entamais une autre tranche de pain d'épice lorsque je remarquai la présence d'un homme.

– Voilà Ira, mon garçon de ferme, dit-elle.

– Bonjour, dis-je en essayant de ne pas m'étouffer avec mon morceau de pain d'épice.

Pour être grand, il était grand !

– Salut, dit-il. Je m'appelle Ira Long.

– Et moi Robert Peck.

– Le fils de Haven Peck, ajouta Mrs. Bascom.

Il me serra la main et prit une poignée de morceaux de pain d'épice. Il en avala cinq d'un coup, puis il demanda :

– C'est toi le garçon qui a aidé la vache de Ben Tanner à mettre bas et qui lui a arraché un goitre ?

– Oui.

– Eh ben, mon vieux, tu as fait du beau travail.

– Merci, monsieur.

– J'ai vu les veaux. Des jumeaux.

– Bob et Bib. Bob porte mon nom.

– C'est un honneur, dit Mrs. Bascom.

– En effet, dit Ira.

Je ne trouvai rien d'autre à dire. Alors je repris une autre tranche de pain d'épice et je la fourrai dans ma bouche pour ne pas avoir à parler. Elle me gonflait la joue. Ira et Mrs. Bascom éclatèrent de rire en voyant ma

tête. J'étais si confus que je me tournai et me retournai. Puis je me mis à rire moi aussi. Je ne vois toujours pas ce qu'il y avait de si drôle dans tout ça, mais c'était drôle.
– Paraît que Ben Tanner va amener ses deux jeunes bœufs à la foire de Rutland, dit Ira.

La seule mention de la foire de Rutland faisait bondir mon cœur dans ma poitrine. Jacob Henry y était allé l'année d'avant. Il m'avait dit que c'était un spectacle incroyable. Tout ce qui n'était pas exposé à Rutland ne valait pas le coup d'œil. A l'en croire, la foire était quelque chose d'unique.
– Tu es déjà allé là-bas, Bob ?
– Non, mais je serais fier d'y emmener le cochon que j'élève. Il s'appelle Rosy. Quand je serai grand, j'irai tous les ans, mais maintenant c'est impossible.
– Pourquoi donc ?
– Nous n'avons pas de cheval et, à ce que j'ai compris, ça fait un bout de chemin. Tout ce qu'on a, c'est Salomon.
– Qui c'est, Salomon ? demanda Mrs. Bascom.
– Notre bœuf. Il est lent, mais il est grand et fort et sage comme le roi Salomon. On parle de lui dans la Bible.
– C'est un fait, dit Ira.
– Maintenant, faut que je m'en aille. Merci pour le pain d'épice et le babeurre.

– C'est moi qui te remercie, Bob, dit Mrs. Bascom. N'oublie pas de me dire bonjour chaque fois que tu passes par ici.
– Je n'y manquerai pas. Au revoir, Ira.
– Salut, Bob.

Voilà ce dont je me souvenais en nettoyant Rosy. Comment pouvait-on être aussi crotté ? Elle avait de la boue jusqu'aux oreilles. Quand je l'avais reçue, je n'avais aucun mal à la laver, elle était si petite, mais à présent c'était un petit éléphant.

Papa apparut au tournant de la cuisine avec une manivelle pour le moulin à bras avec lequel maman moulait le grain à la laiterie. C'était toujours moi qui tournais la manivelle.

– Tu vas l'user, ce goret, à force de le frotter. Il n'en restera qu'un morceau de lard.
– Je veux le nettoyer à fond pour pouvoir lui mettre un ruban autour du cou et faire comme si je l'emmenais à Rutland.

Papa s'accroupit sur ses talons et me regarda laver Rosy. Elle était propre comme un archange.

– Bob ?
– Oui, papa.
– Tu crois que tu serais capable de ne pas faire de bêtises si tu devais aller tout seul à la foire de Rutland ?

Je ne répondis pas. Je savais qu'il me mettait en boîte. Ce n'était pas vrai.

– Ben Tanner s'est arrêté à la maison. Il a proposé de t'emmener à la foire avec lui. Il paraît que Mrs. Bascom a raconté à Mrs. Tanner que tu mourais d'envie d'y aller. Ben est venu me dire qu'il voulait exposer ses deux jeunes bœufs et qu'il lui fallait un garçon pour les présenter sur le champ de foire. Il prétend qu'ils sont encore trop petits pour lui et qu'il se sentirait ridicule.

– Papa, si c'est une blague, ce n'est pas bien.

– Ce n'est pas tout, fiston. Mr. Tanner dit qu'il veut envoyer une partie de son bétail un jour plus tôt et que si tu veux montrer Rosy à la foire, tu peux l'envoyer aussi.

– Papa, je t'en prie...

– Voyons. On a encore une semaine devant nous. Alors je ne veux pas qu'en attendant tu me casses les oreilles avec cette histoire de Rutland. Alors, avant d'y aller, pense qu'il faut nettoyer le poulailler. Il y a tant de fumier là-dedans qu'on est obligé de se faire un sentier pas à pas pour aller chercher les œufs.

– Ce sera fait, papa.

– Autre chose. Tu n'auras pas d'argent de poche. Pour rien, tu comprends ?

– Oui, papa.

– Ta mère te préparera un panier pour tes

repas : petit déjeuner, déjeuner et dîner. Et tu feras tout ce que les Tanner te demanderont, en prévoyant même les services que tu peux rendre avant qu'ils ne te les demandent.

– Oui, papa. Sois sûr que je ferai de mon mieux.

– S'ils jugent les bœufs et les porcs en même temps, tu resteras avec l'attelage de Mr. Tanner et pas avec ton cochon. Tu me le promets ?

– Je te le promets, papa. Je te ferai honneur.

– Encore un mot. Ce qui serait bien, c'est que tu t'arrêtes chez la veuve Bascom pour lui dire un mot de remerciement. Tu peux lui être reconnaissant d'avoir mis cette idée dans la tête de Mrs. Tanner.

– Je le ferai, papa, pour sûr.

Maman était heureuse que j'aille à Rutland. Tante Carrie ne savait trop que penser au début mais, dans la soirée, elle me dit qu'elle me donnerait dix cents pour la foire, à condition que je ne les perde pas et que je n'en souffle mot à papa et maman. C'était un secret.

Cette nuit-là, je dormis dans la resserre à maïs avec Rosy. Elle était tellement propre que maman trouvait que ce serait dommage de ne pas en profiter.

Avant de m'endormir, je passai mes bras autour du cou de Rosy et je lui racontai que nous allions partir tous les deux pour Rutland et qu'elle allait sûrement gagner un beau ruban bleu. Je lui parlai aussi de la veuve Bascom et d'Ira Long et de leurs rires dans la nuit.

– Tu sais, Rosy, dis-je, c'est peut-être un péché d'avoir à la maison un domestique costaud comme Ira, mais je trouve que la veuve Bascom s'est bien améliorée.

X

J'avais appris à l'école que Londres, la capitale de l'Angleterre, est la plus grande ville du monde. C'était bien possible, mais elle ne pouvait pas être beaucoup plus grande que Rutland.

Ce matin-là, maman m'avait réveillé de bonne heure. Mon panier à repas était tellement plein qu'on aurait pu penser que toute la population du Vermont s'était privée de manger pendant une semaine. Papa avait attelé Salomon pour me conduire chez les Tanner. Et pendant que maman avait les yeux tournés, tante Carrie me glissa la pièce de dix cents. Elle l'avait enfermée dans un mouchoir propre. Sa main s'enfonça si profondément dans ma poche qu'elle faillit me faire tomber mon pantalon.

– Ne la perds pas, me chuchota-t-elle à l'oreille.

La perdre ? Enveloppée et enfouie comme elle l'était, je me demandai si je la retrouverais jamais.

– C'est pour te payer un tour de manège, murmura-t-elle, et si tu ne veux pas la dépenser, tu peux la mettre de côté.

Enfin, après un copieux petit déjeuner, je fus expédié chez les Tanner, muni de mon panier. Je pensai que nous n'y arriverions jamais. Salomon ne paraissait pas aussi pressé que moi de voir la foire de Rutland. Peut-être savait-il déjà qu'il n'irait pas.

– Parle-moi de Rutland, papa, demandai-je, chemin faisant.

– Je n'y ai jamais mis les pieds.

Moi non plus. Alors à quoi bon en parler. La veille, papa avait dit à maman que s'il entendait encore prononcer ne serait-ce que trois fois le nom de Rutland, il faudrait l'envoyer à Brattleboro. C'est là que vont les fous.

Quand je sautai à bas de la charrette et que papa fit demi-tour, il me dit seulement :

– Attention aux bonnes manières.

Rutland n'était vraiment pas loin. En tout cas, pas au train qu'avaient pris les chevaux gris pommelés de Mr. Tanner. Ils avaient dû rester à l'écurie tout l'été à en juger par la rapidité de leur trot. Ben Tanner tenait les rênes. J'étais assis entre lui et sa femme. Nous nous serrions l'un contre l'autre, elle et moi, pour rester bien calés.

– Accroche-toi, Bess, dit Mr. Tanner.

Et nous voilà partis. Les chevaux pommelés s'appelaient Dame Quaker et Monsieur Quaker. Si l'un n'avait été un cheval et l'autre une jument, on n'aurait pu les distinguer l'un de l'autre. Mon vieux, qu'ils trottaient bien ! Ils dépassèrent tant d'autres attelages sur la route de Rutland que je ne pus les compter. Mr. Tanner était aussi fier de ce couple qu'il l'était de Bib et Bob. Comme il aimait tellement les choses qui allaient par paires, je faillis lui demander pourquoi il n'avait pas une seconde Mrs. Tanner quelque part. Comme ça il pourrait les promener toutes les deux le dimanche, ou pourquoi il n'avait pas épousé des sœurs jumelles. Mais je me rappelai les bonnes manières et je gardai le silence.

« Ne perds jamais l'occasion de te taire », avait dit papa un jour, et plus je réfléchissais à ce conseil, plus il me paraissait sage.

Nous arrivâmes à Rutland en même temps que tous les autres. Tout le Vermont était là et chacun avait mis ses plus beaux habits. Le spectacle commençait bien avant le terrain de la foire. Je me rappelai l'histoire de ce garçon de Learning qui était allé jusqu'à

New York. Quand il en revint, les gens lui demandèrent de leur décrire la ville et il répondit :

– Il se passait tellement de choses à la gare que je ne suis jamais arrivé au village.

Je ne savais pas où était la gare de Rutland, mais elle devait être partout, et quand l'attelage s'arrêta sur le terrain de l'exposition, je n'osai même pas cligner des yeux de peur de perdre quelque chose du spectacle.

A peine descendus, nous allâmes du côté du parc à bétail. Mrs. Tanner se mit à la recherche d'un endroit qu'elle appelait les « toilettes ». Comme je m'étais bien lavé, je ne voyais pas la nécessité de recommencer, mais Mrs. Tanner semblait pressée de trouver un lavabo. Bess était une grosse dame et je n'aurais jamais imaginé qu'elle pourrait couvrir une telle distance en si peu de temps. Nous ne trouvâmes que deux baraques, l'une portant l'inscription « Messieurs » et l'autre « Dames ». Je compris tout de suite que c'était là que Mr. Tanner allait installer ses chevaux. Ils avaient même leur nom inscrit sur la porte. Je cherchai des yeux une baraque portant l'inscription Rosy. Ils faisaient tellement bien les choses à Rutland.

Pourtant, Bess Tanner semblait toujours pressée de se laver. Elle grommelait que cette course précipitée sur une route pleine de creux et de bosses lui avait mis les entrailles sens dessus dessous. Avant de me pousser dans la baraque des Messieurs, elle me murmura un avertissement à l'oreille :

– Ne parle à personne là-dedans, tu m'entends ? Ce genre d'endroit est plein de pervertis.

A l'intérieur, il n'y avait pas grand-chose à faire sauf uriner, ce que je fis. Puis je cherchai des yeux un perverti. Mais j'étais seul. Aussi je ne pouvais pas m'informer. J'avais entendu tante Matty prononcer le mot « perverti » un jour où elle était en conversation avec maman et tante Carrie. Je supposai donc qu'un perverti avait un rapport avec la grammaire ou alors c'était un genre de cornet à pistons. En tout cas, s'il y avait un perverti dans le lieu où je me trouvais, il était bien caché. J'espérais bien en voir un ou deux avant de quitter Rutland puisque Bess Tanner et tante Matty semblaient tellement s'y intéresser.

Mr. Tanner nous attendait dehors et nous allâmes voir Bib et Bob. Heureusement, Rosy était tout à côté, séparée d'eux par un petit hangar. Je bondis dans son enclos et, lui passant les bras autour du cou, je la serrai fort.

– Rosy, criai-je, nous sommes à Rutland ! Ce n'est pas formidable ?

Bob et Bib furent placés sous le joug en deux temps trois mouvements. Bob était toujours à gauche et Bib à droite. Nous partîmes à la recherche d'un photographe. Il fallut traverser un terrain d'exposition découvert où quelques hommes entraînaient des grands chevaux aux sabots recouverts de longues touffes de crins. Faire faire la photographie nous prit une bonne heure. Le photographe était dissimulé sous une vaste toile noire. Sa femme tenait un engin bizarre que je pris d'abord pour une pelle à neige, mais c'était bien la première fois que je voyais exploser une pelle. Jamais je n'avais vu une telle gerbe de lumière jaillir par un jour d'orage. Je faillis sauter hors de mes bottes. Bib et Bob ne prirent pas très bien la chose eux non plus. Ils reculèrent contre moi et commencèrent à se débattre sous le joug. J'essayai de les calmer, mais je ne voyais plus clair. Quand la pelle à neige avait explosé, j'avais les yeux fixés dessus et je restai aveuglé pendant un long moment. J'étais furieux parce que j'étais venu à Rutland pour voir autre chose qu'une pelle à neige qui éclate.

Enfin vint le moment de présenter les bœufs. Il fallait voir ça ! Mr. Tanner désigna un attelage de Hereford et dit qu'ils devaient bien peser une tonne chacun.

– Est-ce que Bib et Bob vont devenir aussi gros ? demandai-je.
– Plus gros parce qu'ils sont des Holstein et les Holstein sont les meilleurs et les plus forts.

J'étais fier d'entendre ça et plus fier encore lorsque je suivis Mr. Tanner au bureau d'exposition des bœufs. Pendant une interruption, l'homme, qui parlait devant quelque chose qui grossissait sa voix, cria le nom de Mr. Tanner :
– De la ville de Learning : pour l'exposition seulement, pas pour la vente ; un attelage de jeunes bœufs de un an, parfaitement assortis, nommés Bib et Bob. Propriétaire : Mr. Benjamin Franklin Tanner. Présentateur : Mr. Robert Peck.

Il était temps pour moi de faire trois tours de piste avec Bib et Bob puis de sortir, mais je restai figé sur place. Mr. Tanner me donna un vigoureux coup d'aiguillon dans les reins et me souffla :
– Vas-y donc !

Ainsi j'étais là, moi, à la foire de Rutland, tournant autour d'une grande piste couverte de sciure de bois, devant tous ces gens qui applaudissaient Bib et Bob. Mon cœur battait si fort que je crus que j'allais me trouver mal en plein milieu de l'arène. J'aurais tant voulu que papa, maman et tante Carrie me voient, et Rosy aussi. C'était pécher par vanité, mais je souhaitais que toute la ville de Learning soit présente. Si seulement Edward Thatcher pouvait me voir, et Jacob Henry, et Becky Tate.

Je promenai mes bœufs autour de l'arène. Tous ces applaudissements me tournaient la tête. Je voyais comme dans un rêve tous les gens que je connaissais, assis en cercle sur les gradins. De la tenue, me dis-je, et je me redressai de toute ma taille. J'avais vraiment l'impression d'être quelqu'un.

Un homme se pencha au-dessus de la barrière et me demanda :

– Quel est leur pedigree, mon gars ?

– La mère est Bavette, la vache laitière primée de Mr. Tanner. Le taureau est aussi à Mr. Tanner.

– C'est Beowolf ?

– Oui.

Après mes trois tours de piste, j'effleurai l'oreille droite de Bib avec ma baguette. Les deux jeunes bœufs firent un impeccable demi-tour à gauche et puis nous franchîmes la barrière. Le public applaudissait en poussant des acclamations. Quelques personnes nous suivaient, posant des questions sur Bib et Bob pendant que je les ramenais à leur enclos.

Bess Tanner ne se trouvait pas dans la foule qui nous entourait. Sans doute était-elle repartie se laver. Soudain je la vis arriver au pas de course. Je ne distinguais que le haut de sa tête surmontée d'un grand chapeau mou garni de fleurs qui n'étaient pas vraies.

Des groupes de gens me séparaient d'elle, puis ils se dispersèrent comme pour lui laisser le passage. Elle était tellement essoufflée qu'elle pouvait à peine parler. J'espérai un moment qu'elle venait de voir un perverti et qu'elle était pressée de nous l'annoncer.

– Vite, dit-elle d'une voix entrecoupée. Les membres du club des quatre H sont en train de juger le bétail élevé par les enfants.

– Les porcs ? demanda Mr. Tanner.

– Non. Ils examinent les veaux pour l'instant. Les porcs viennent tout de suite après. Je vais rentrer les bœufs. Emmène Bob. Je ne peux pas faire un pas de plus dans ces chaussures.

– Allons chercher Rosy, dit Mr. Tanner.

Et nous voilà partis. Rosy était à peu près seule dans le parc à cochons. Nous ouvrîmes la barrière de son enclos et nous nous apprêtions à la sortir lorsque je remarquai qu'elle s'était roulée dans quelque chose de pas très propre. Sur son épaule et son flanc gauches, elle avait une grosse plaque de fumier. Tout le reste de son corps était si propre que la tache ressortait comme une vilaine bavure. Je m'agenouillai et attaquai la partie souillée avec mes ongles. Si elle faisait mauvais effet, elle sentait plus mauvais encore. L'odeur du fumier frais me piquait les yeux.

– Voyons, mon garçon, c'est pas comme ça qu'on nettoie un cochon.

– Comment alors ?

– Comme on lave un garçon : avec de l'eau et du savon. Va chercher du savon. Je vais remplir un seau d'eau et on se mettra au travail.

Je dus mettre tout Rutland sens dessus dessous pour trouver du savon. Enfin, j'en repérai un morceau dans une remise et j'allongeai la main, mais un homme m'arrêta :

– Hé là ! cria-t-il.

– Du savon, dis-je. Je vous l'achète, votre savon. Mon goret est sale et le jury des quatre H est en train de distribuer les prix et nous allons tout rater. Je n'ai qu'une pièce de dix cents. Elle est dans ce mouchoir. Prenez le tout.

Je lui mis dans la main le mouchoir qui enveloppait les dix cents de tante Carrie, je saisis le savon et je partis en courant. L'homme resta sans voix.

Adieu le manège. Mais j'étais trop pressé pour avoir des regrets. Mr. Tanner avait un chiffon et, en un rien de temps, Rosy fut aussi propre qu'un sou neuf. J'avais réussi à verser les trois quarts du seau d'eau sur mes vêtements. J'étais trempé et j'avais eu beau me laver les mains, elles étaient tellement imprégnées de l'odeur de fumier que je me sentais incapable de manger à midi.

Mr. Tanner me dit que nous n'arriverions jamais à temps, tellement j'étais long à frotter Rosy. Mais il se trompait.

Des enfants faisaient le tour d'une piste en plein air. Chacun promenait un cochon. Un garçon présentait un véritable polonais, une belle bête aussi blanche que Rosy mais pas aussi grosse. Une fille plus grande que moi avait un polonais pommelé et un garçon roux au visage parsemé de taches de son montrait un superbe Hampshire, noir comme du charbon avec une ceinture blanche autour des épaules. S'il avait été veau, il aurait pu faire le pendant avec Bib et Bob.

Quelques cochons étaient nerveux – ils ne restaient pas en ligne et criaient pendant que le jury des quatre H les examinait. Quand nous arrivâmes, le cercle était à peu près complet. Mr. Tanner nous précipita dedans, Rosy et moi, au moment même où un homme fermait la porte.

J'avais le visage ruisselant de sueur. Papa disait toujours que la sueur de la hâte est plus mauvaise que celle du travail. Je n'avais plus de mouchoir pour m'éponger. Je voulus m'essuyer le front du revers de la main, mais alors une odeur de fumier tellement affreuse me monta aux narines que je fus pris de nausées. Tout ce que j'avais dans l'estomac me remontait dans la gorge. Les juges venaient vers moi, mais tout m'était égal. Le bruit, la musique et la poussière de Rutland semblaient tourbillonner autour de moi comme dans un rêve. Je n'avais pas besoin de tours de manège car Rutland tout entier tournoyait dans ma tête et m'emportait.

J'avais un œil complètement fermé, mais celui qui était en partie ouvert aperçut un juge qui posait quelque chose sur Rosy, quelque chose de bleu, mais comme tout mon univers à moi était vert, cela m'aurait bien été égal qu'il nous enfonce un couteau de boucher dans la gorge à tous les deux. Le juge me dit quelques mots et c'est à ce moment précis que ça m'arriva. Je baissai la tête, je penchai mon visage sur les petits copeaux de sciure et je rejetai le contenu de mon estomac. Une partie vint asperger le soulier du juge.

Le manège se mit à tourner à une allure folle et je serais sûrement tombé si des mains vigoureuses ne m'avaient empoigné. J'entendis la voix de Mr. Tanner qui disait :

– C'est mon protégé. Je vais l'emmener.

Après quoi, je me retrouvai devant l'enclos de Rosy, étendu sur la paille fraîche. Rosy était enfermée. Mr. Tanner se tenait à côté de moi pendant que sa femme me lavait le visage avec une serviette propre.

– Comment peut-il être aussi sale, pourquoi l'as-tu laissé faire ? ne cessait-elle de répéter à son mari.

Mr. Tanner se pencha et me prit le menton.

– Comment ça va, Bob ?

– J'ai faim.

– Regarde, dit-il en me montrant le cou de Rosy, regarde donc par ici.

Je vis un ruban bleu ! Il portait une inscription en lettres d'or : PREMIER PRIX DE BONNE TENUE.

– Il est midi, dit Mr. Tanner. Si on sortait le sac à provisions ? Qu'est-ce que tu en dis, Bessie ?

Bess Tanner soupira :

– Commencez sans moi. Je n'ai qu'une envie pour le moment, c'est d'ôter ce maudit corset.

XI

– Rosy a gagné un ruban bleu, papa.

Ce fut la première phrase que je prononçai quand Ben Tanner me réveilla pour m'annoncer que j'étais arrivé à la maison. J'avais dû dormir pendant tout le trajet parce que je ne me rappelle pratiquement pas le voyage de retour. A la tombée de la nuit, je m'étais assoupi entre Mr. et Mrs. Tanner, serrant le ruban bleu dans mes mains.

– Rosy a gagné un ruban bleu. C'est le premier prix de bonne tenue.

– Il devrait y en avoir un second pour le garçon qui s'est le mieux tenu. Il a mené mes bœufs comme s'il était né une baguette à la main.

– Il s'est bien tenu ? demanda papa.

– Merci, Mr. Tanner, dis-je rapidement, et merci, Mrs. Tanner. J'ai passé une bonne journée.

– Dieu te bénisse, Bob, dit-elle.
– Le bétail reviendra aussitôt après la fermeture de la foire, dit Mr. Tanner.
– J'enverrai Bob chercher son cochon, dit papa. Nous vous sommes bien reconnaissants à tous les deux, ami Tanner.
– C'est réciproque, Haven. On m'a offert cinq cents dollars pour mes jeunes bœufs. Cinq cents dollars et ils n'ont atteint que la moitié de leur croissance. C'est grâce à votre garçon qui les a aidés à naître et les a présentés à la foire. Mais je ne veux pas les vendre.
– Je suis content qu'il vous ait fait honneur, dit papa.

Ben Tanner fit faire demi-tour à ses chevaux et ils partirent, Bess maintenant son chapeau sur sa tête avec la paume de sa main. Je restai dehors pendant qu'ils s'enfonçaient dans la nuit, jusqu'au moment où je n'entendis plus le bruit de leur voiture.
– Quels bons voisins ! dis-je.
– On ne peut pas en avoir de meilleurs, approuva papa. Benjamin Tanner ne fera jamais rien de malhonnête.

Maman arriva en courant. Je me précipitai vers elle et la serrai dans mes bras aussi tendrement et aussi fort que je le pus. Tante Carrie la suivait. Je voulais lui dire à l'oreille ce que j'avais fait de sa pièce de dix cents, mais je me ravisai. Dix cents pour un morceau de savon usé, c'était cher.

– Regarde, maman, dis-je, c'est le ruban bleu de Rosy. Elle l'a gagné.

– J'étais sûre qu'elle le gagnerait. C'est le plus joli cochon de Learning.

– Le premier prix, insistai-je.

Je me rappelai vaguement que tous les cochons élevés par des enfants avaient eu des rubans bleus, mais qu'importe ! J'étais persuadé que seule Rosy avait un premier prix.

– Elle sera là dans quelques jours, ajoutai-je.

– Je meurs d'impatience, dit papa.

– Allons, rentre vite, dit-elle. Il y a longtemps que tu devrais être au lit. Jamais tu ne pourras te lever à l'heure pour les travaux.

Cette phrase me ramena à la réalité :

– Papa, c'est toi qui as fait tout mon travail aujourd'hui ?

– Bien sûr, et j'ai aussi égorgé des cochons.

– Merci, papa. Je te revaudrai ça.

– J'y compte bien et demain tu mettras les bouchées doubles.

– Ce n'est que justice. Je te dois déjà le sorgho.

– Trois sacs pleins. Je compte sur ton remboursement quand Rosy aura eu sa première portée.

Maman intervint :

– Vous autres hommes, vous ne savez jamais

quand c'est l'heure d'aller au lit. Un morceau de tarte, Bob ?

– Oh ! sûrement.

Assis autour de la table de la cuisine, nous mangeâmes de la tarte aux mûres. Je racontai tout ce que j'avais vu à Rutland et je brodai un peu pour le reste. J'insistai naturellement sur les deux principaux événements : la présentation de Bib et Bob et le ruban bleu de Rosy.

Mais je me gardai bien de leur dire que j'avais restitué mon petit déjeuner sur le soulier du juge. Maman et tante Carrie auraient été aux cent coups. Alors, pourquoi les troubler ? J'avais assez de choses intéressantes à raconter : par exemple que tout l'État du Vermont assistait à la présentation des veaux jumeaux, comment l'homme avait crié mon nom. Je me levai et je l'imitai assez bien, ma foi. Je fis aussi trois fois le tour de la cuisine comme j'avais fait le tour de la piste.

– Dire que je ne suis jamais allé à Rutland, soupira papa. Et voilà que *toi,* tu y es allé tout seul avec les voisins !

– Ce n'est pas si grand que ça. Ce qui est gênant, c'est le bruit. C'est aussi bruyant le jour que la nuit. Et pendant la foire, on dirait un orchestre de cuivres qui joue sans cesse. Ça n'arrête pas.

– Comme un bec que je connais et qui est

tout barbouillé de mûres, dit papa.

Nous rîmes tous de bon cœur, puis j'allai me laver à la pompe de l'évier. Qu'on était bien chez soi. Je n'arrivais pas à croire que j'étais parti moins d'un jour. J'avais l'impression d'avoir fait un voyage sur une étoile.

J'aurais parlé de Rutland toute la nuit, mais maman m'envoya au lit. Quand je fus sous les couvertures, elle entra dans ma chambre pour me dire bonsoir. J'étais presque endormi quand elle quitta la pièce sur la pointe des pieds et ferma la porte.

– Comment va notre voyageur ? lui demanda papa.

– Il est revenu, dit maman, revenu d'un rêve.

Dans la nuit, j'entendis du bruit dans le poulailler. Les poules caquetaient furieusement. Je vis une lanterne allumée sur le palier du haut, puis le calme revint. J'essayais de mon mieux de me réveiller, mais j'en fus incapable.

Aussitôt que j'eus fermé les yeux, ce fut l'heure des besognes quotidiennes. Il fallait traire Daisy, nourrir et abreuver le bœuf et la vache, et j'étais en train de verser le lait pour l'écrémer lorsque papa sortit du poulailler avec une poule morte dans la main.

– Une belette, dit-il. Elle n'a pratiquement pas laissé de marques.

– On aura du poulet pour dîner, papa ?

– Oui. Dis donc, tu veux que je te montre quelque chose ?

– Pour sûr.

Papa m'emmena dans le hangar à outils. Accroché à un clou pendait un sac qui s'agitait un peu et de plus en plus à mesure que nous approchions.

– Qu'est-ce que tu as là, papa ?

– C'est la belette; la première que j'aie jamais pu attraper et mettre dans un sac. Elle a les dents drôlement vicieuses.

– Je peux la voir ?

– Plus tard, quand j'aurai réfléchi à ce que je vais en faire. Elle m'a fait trop de mal pour que je la tue sans cérémonie.

– Tu as l'intention de la libérer ?

– Jamais de la vie.

– Je suis allé chez Mrs. Bascom, la semaine dernière.

– Et alors ?

– Tu connais Ira Long, son garçon de ferme ?

– De nom.

– Eh bien, il a une chienne terrier. Je l'ai vue quand je suis allé remercier Mrs. Bascom.

– Elle est adulte, cette chienne ?

– Je dirais que oui, mais très jeune.

– Cours-y tout de suite après le petit déjeuner et préviens l'ami Long que nous avons une belette pour entraîner son chien. Il sera le bienvenu.

– J'y vais. Je n'ai jamais vu un chien lutter contre une belette.

Une heure plus tard, un cheval et un cabriolet s'arrêtèrent dans notre chemin. J'en descendis avec Ira Long et sa chienne Hussy. C'était une gentille petite bête et, pendant tout le trajet, je l'avais tenue dans mes bras en me demandant comment elle se comporterait en face d'une belette.

Papa nous attendait. Il serra la main d'Ira et se présenta :

– Haven Peck, dit-il, content de vous voir ici.

– Ira Long. Je connais déjà votre fils.

– Je me demande qui ne le connaît pas.

Les deux hommes se mirent à rire. Je ris aussi, sans bien savoir pourquoi.

– C'est un bon petit gars, dit Ira.

Papa regarda le petit terrier gris et blanc blotti dans mes bras.

– Vous avez déjà essayé cette chienne sur une belette ?

– Pas encore, mais il paraît que vous en avez une.

– Une grande, et mauvaise.

– Pourquoi les gens mettent-ils leur chien aux prises avec une belette, papa ? C'est pour s'amuser ?

– Non. C'est la sagesse de la terre. Une fois

que cette chienne aura compris ce qu'est une belette, elle détestera ce genre d'animal jusqu'à son dernier souffle. Elle le flairera à des lieues à la ronde, le dépistera et le mettra en pièces. Un homme qui possède un poulailler doit avoir un bon chien capable de chasser les belettes.

– C'est la vérité, dit Ira. Toutes les belettes de la région se tiendront loin de ma petite Hussy.

Nous entrâmes tous les trois dans le hangar, moi portant toujours Hussy dans mes bras. Le sac se mit à gigoter comme pris de folie. Et je sentais frémir Hussy contre moi comme si elle comprenait ce qui allait se passer et ce qu'elle avait à faire pour rester en vie. Elle poussait des petits cris plaintifs, juste de quoi se faire entendre.

– J'ai idée qu'elle sera bonne pour la chasse à la belette, dit Ira.

– On va voir, dit papa.

Il décrocha le sac. A l'intérieur, la belette se démenait comme une chatte en colère. Elle ne voyait pas la chienne et la chienne ne pouvait pas la voir, mais toutes deux savaient ce qui les attendait.

– Je vais chercher un tonneau, dis-je.

Je tendis Hussy à Ira et je courus à la cave. Il y avait là un tonneau vide de dimensions respectables, qui attendait la récolte de pommes de cette année. Il avait un couvercle en bois, ce qui faisait parfaitement notre affaire. Plaçant le couvercle sous mon bras, je roulai le tonneau jusqu'à l'endroit où les hommes attendaient. Ira tenait son chien et papa serrait le haut du sac dans sa main. Je posai le tonneau debout et je me tins prêt à mettre le couvercle.

– Entre là-dedans, Hussy, dit Ira en plaçant sa petite chienne à l'intérieur du tonneau. Tu lui feras son affaire.

Elle tremblait de tous ses membres à tel point qu'elle en faisait vibrer le tonneau.

Papa s'avança vers le sac.

– Prêt ? me demanda-t-il.

– Prêt !

– Aussitôt que j'aurai sorti la belette tu remettras le couvercle et tu le maintiendras, compris ?

Sans plus de cérémonie, il renversa le sac et la belette tomba sur le dos du chien. Je recouvris le tonneau. J'avais du mal à le garder fermé. Ira vint m'aider à le maintenir droit. Papa vint aussi.

A en juger par le bruit, les deux bêtes devaient se griffer, se mordre et s'entre-déchirer. La chienne était plus grande, mais la belette avait l'obscurité pour elle. Pour être franc, je croyais qu'un combat entre un chien et une belette allait être passionnant. En réalité, il me causa un malaise insupportable pendant tout le temps qu'il dura. Tout cela me paraissait dénué de sens et j'étais furieux contre moi-même parce que j'étais là à maintenir le couvercle en place. J'avais même honte de jouer un rôle dans cette affaire. Je vis à l'expression de papa qu'il ne s'amusait pas non plus.

Enfin, le bruit cessa. Papa me fit un signe de tête. Je déplaçai le couvercle d'un demi-centimètre pour laisser passer un peu de lumière à l'intérieur afin de voir ce qui se passait. Alors, le chien poussa un gémissement. Je me rappellerai toujours cette plainte. C'est le genre de son qu'on souhaite ne plus jamais entendre.

Ira retira le couvercle et regarda. La belette était morte. Son corps déchiqueté n'était plus qu'un amas d'os, de fourrure et de chair ensanglantée. Il y avait du sang partout, du haut jusqu'en bas du tonneau. La chienne vivait encore, mais c'est tout ce qu'on pouvait en dire. Elle avait une oreille arrachée et le corps couvert de sang. Elle agitait ses petites pattes ruisselantes de sang et elle poussait cette plainte qui sortait du fond de sa gorge comme pour supplier qu'on l'achève.

Ira étendit le bras pour la sortir du tonneau. Au moment où il la prit, Hussy montra ses crocs et les planta dans la main de l'homme. Celui-ci poussa un cri et la laissa tomber sur le sol. Elle avait une patte tellement en bouillie que ce n'était plus une patte. Tous les os avaient dû éclater.

– Tuez-la, dis-je.

– Quoi ? s'écria Ira dont le poignet était inondé de sang.

– Elle est mourante. Si vous avez la moindre pitié, Ira Long, vous l'achèverez immédiatement. Elle a tué la belette. C'est bien ce que vous vouliez qu'elle fasse, n'est-ce pas ? Maintenant elle est folle de douleur et si vous ne la tuez pas, moi, je le ferai.

– Attention à ce que tu dis, mon gars, dit Ira. Tu parles à tes aînés.

– Le garçon a raison, dit papa. Je vais chercher un fusil.

Hussy gisait sur le sol en gémissant. Quand papa revint, il lui tira une balle dans le corps. Après quelques soubresauts, elle se figea dans l'immobilité. Personne ne dit mot. Nous étions là, les yeux fixés sur ce qui avait été une gentille petite créature. Papa rompit le premier le silence.

– Je jure, dit-il, je jure sur le Livre des shakers et par tout ce que j'ai de plus sacré que jamais plus je ne dresserai un chien contre une belette, même si je dois perdre toutes les volailles de ma basse-cour.

Je pris une bêche et je creusai un trou, puis j'enterrai Hussy sous un pommier. Je me mis même à genoux pour faire une prière.

– Hussy, dis-je, tu avais plus de cœur que certains hommes n'ont de cervelle.

XII

Rosy revint chez nous. J'avais épinglé son ruban bleu sur le mur, au-dessus de mon lit. Je le décrochai pour le lui montrer. Elle se contenta de le flairer, sans plus.

– Tu peux être fière, Rosy, lui dis-je en lui grattant le dos. Tu es le mieux élevé de tous les petits cochons de l'État du Vermont.

Elle poussa un petit grognement. J'étais tout de même content qu'elle ne soit pas trop imbue d'elle-même. Un goret vaniteux aurait été difficile à vivre. Je courus remettre le ruban bleu en place. Quand je ressortis, papa rentrait de l'abattoir. Ses vêtements étaient dans un état affreux.

– Papa, dis-je, est-ce que tes habits ne te dégoûtent pas le soir quand tu as égorgé des cochons toute la journée ?

– J'ai envie de les brûler et d'enterrer leurs cendres après.

– Pourtant, tu portes un tablier de cuir quand tu tues les porcs ; comment se fait-il que tu sois quand même aussi sale ?
– La mort est une chose sale comme la naissance.
– Je n'avais pas pensé à ça. Heureusement, personne ne tuera Rosy. Elle sera une bonne reproductrice, n'est-ce pas, papa ?

Il ne répondit pas. Il alla vers la clôture et regarda mon cochon. Enjambant la barrière, il s'agenouilla auprès de Rosy. Il passa sa main le long de son dos et la regarda attentivement, il la flaira et la tâta.
– Qu'est-ce qu'il y a, papa ? Rosy n'est pas malade ?
– Non, pas malade. Elle a du retard. Elle aurait dû avoir ses premières chaleurs il y a des semaines. On aurait déjà pu l'amener au verrat. Peut-être bien qu'elle est stérile.
– Stérile ? Tu veux dire...
– Je n'en suis pas sûr, mais c'est possible.
– Stérile, comme tante Matty ?
– Oui. Mais il ne faut pas dire ça. Tu ferais de la peine à tante Matty. Le regret est en elle. Inutile de l'envenimer.
– Et tu crois que Rosy est stérile ? Dis-moi la vérité, papa.
– Oui, mon garçon, je le crois.
– Non, m'écriai-je, non, non !

Je donnai des coups de poing dans la

barrière et je frappai si fort que mes mains en étaient toutes meurtries.

– Écoute, Bob, ça n'y changera rien. Il faut regarder les choses en face.

Il se dirigea vers la grange. Son corps long et maigre se redressait comme s'il savait qu'il lui faudrait encore abattre de la besogne, fatigué ou non.

– Bob, appela maman de la cuisine.

Abandonnant Rosy, je la rejoignis. Elle s'essuyait les mains à son tablier.

– Va nous chercher un écureuil, dit-elle en souriant.

Je pris la carabine sur le linteau, au-dessus de la cheminée, et je glissai quelques cartouches dans ma poche. J'aurais dû être content d'aller à la chasse aux écureuils, mais je ne l'étais pas.

Il y avait un bouquet de noyers à l'extrémité ouest de la crête, de l'autre côté de la mine de spath. Nous étions en automne, les noix devaient être mûres et mangées. Je scrutai du regard la cime des arbres, essayant de repérer un gros écureuil gris avec un ventre bien rebondi.

Tout en haut d'un chêne, il y avait une boule de feuilles et de rameaux morts. Rien ne bougeait aux alentours, mais je restai immobile comme une sentinelle. Des yeux, j'examinai les cimes des autres arbres. Aucun écureuil gris en vue. J'avançai vers les arbres et m'assis sur un tronc. La vallée était toute jaune. Comme si quelqu'un s'était amusé à casser des œufs partout.

Soudain je l'entendis. Il était assis sur une branche au-dessus de ma tête, balançant sa longue queue touffue et lançant ce petit cri irrité particulier aux écureuils : *chip-chip-chip-chip-chip.* Insolent. La carabine était déjà chargée. Je la levai et plaçai la boule noire du viseur avant dans l'entaille en V du viseur arrière. La boule était juste derrière son oreille quand j'appuyai sur la gâchette.

On aurait dit qu'il avait été arraché de la branche par une corde. Il tomba dans un fourré de feuilles et d'arbustes. Quand je le recueillis, il s'agitait encore. Le tenant par les pattes arrière, je le cognai contre le tronc d'un gommier. Sa colonne vertébrale craqua. Il était mort.

Assis sur le seuil de la cuisine, je pris un couteau et lui ouvris le ventre. Je fis attention à ne pas entailler la panse. Détachant le sac humide et chaud, je l'emportai dans la cuisine et le lavai sous la pompe de l'évier. Maman avait préparé un mouchoir blanc tout propre. Je fendis la panse en deux, j'ôtai toutes les noix croquées et nous les étalâmes pour qu'elles sèchent. Ensuite maman mit le mouchoir à sécher au-dessus du fourneau.

Je ne voyais pas le gâteau au chocolat, mais il devait bien être quelque part. Si maman n'avait pas fait de gâteau, elle n'aurait pas eu besoin d'un écureuil. Je découpai le reste de l'animal et je le jetai aux poules. Elles se battirent pour happer les morceaux ; les plus fortes chassèrent les plus faibles qui durent se contenter de les regarder dévorer. J'étais en train de réfléchir là-dessus quand papa arriva derrière moi.

– Ce n'est pas juste, lui dis-je.

– Nous ne vivons pas dans un monde juste, Bob.

– Où en sont les pommes ? Est-ce qu'il n'est pas encore temps de les cueillir ?

– Dans deux jours. Elles ne sont pas bonnes cette année et on ne peut pas attendre qu'elles tombent. Il y a eu tellement de chenilles en juin : elles ont mangé des tas de bourgeons.

– On a pourtant enfumé.

– Oui, mais peut-être que le mélange n'était pas bon. Raconte-moi encore comment tu t'y es pris.

– J'ai fait exactement ce que tu m'as dit de faire. En mai, j'ai raclé toute la cendre noire de la cheminée et du fourneau. Je l'ai mélangée avec de la chaux vive et j'ai fait des tas que j'ai mis sous chacun des arbres du verger.

– Combien ?
– Dix-huit. Un des arbres est mort cet hiver.
– Tu as ajouté de l'eau au mélange comme je te l'ai dit ?
– Oui, papa. J'ai versé à peu près une tasse sur chaque tas et le mélange a bien grésillé comme il faut. Il a bien pris.
– Il y avait du vent ?
– Il me semble, oui. Une partie des vapeurs a été soufflée.
– Tu dois toujours placer le mélange du côté où le vent souffle vers l'arbre, en vérifiant à chaque arbre. Les courants sont bizarres dans un verger.
– Je m'y suis mal pris. C'est pour ça qu'il y a eu tant de chenilles.
– Tu feras mieux au printemps prochain, Bob. Mais prends ton temps. Mieux vaut faire une chose bien que deux à moitié.
– Oui, papa.
– Si tu veux connaître un fermier, tu n'as qu'à regarder comment sa ferme est entretenue. As-tu jamais vu celle de l'ami Tanner ?
– Sûr. Souvent.
– Ses clôtures sont droites comme la justice. Toutes les allées sont propres. Remarque comment il coupe son foin. Il n'y a pas de plus beaux andains dans tout Learning.
– C'est un bon fermier.
– A six heures tapant il est dans son étable.

Tu pourrais régler une horloge au son du premier jet de lait qui gicle dans le seau.
– Il est meilleur fermier que toi, papa ?
– C'est sûr. Il me bat. Il ne me le dira pas en face mais il le sait, je le sais aussi et ce n'est pas la peine de le dire.
– Je ne veux pas être comme Mr. Tanner. Je veux être comme toi, papa.
– Je ne souhaiterais pas ça à mon pire ennemi.
– Mais si, papa, je serai comme toi.
– Non, mon garçon, tu ne seras pas comme moi. Tu as étudié. Tu sais lire, écrire et compter. Et quand tu enfumeras ce verger, tu emploieras les nouveaux moyens.
– Des produits chimiques ?
– C'est ça. Toi, tu n'auras pas besoin de quitter ta ferme pour aller égorger les porcs d'un autre ni de demander les bas morceaux, le chapeau à la main.
– Mais tu es un bon boucher. Mr. Tanner dit que tu es le meilleur du comté.
– Il a dit ça ?
– Parfaitement. Il dit qu'en voyant une moitié de porc il sait si c'est toi qui l'as écorché. Il dit aussi que tu as ta marque de fabrique. Quand tu tues un porc et que tu le sépares de la tête à la queue, tu fais quelque chose que personne d'autre ne fait. Tu divises

même la queue en deux parties égales. Il a parlé de tout ça sur le chemin de Rutland.

– Je suis tout de même content d'être réputé pour quelque chose.

Maman parut sur le seuil de la cuisine.

– Hé ! Les hommes ! Le souper est prêt ! cria-t-elle. Vous avez l'intention de faire des sermons aux poules toute la soirée ?

– Avec un seul coq, je ne crois pas qu'elles aient besoin de beaucoup de sermons, répliqua papa.

Maman rit et rentra dans la maison. Après nous être lavés à la pompe, nous la suivîmes. Chemin faisant, papa me posa la main sur l'épaule.

– J'ai beau essayer, dit-il, quand vient la fin de la journée, je ne peux pas me débarrasser de cette odeur de cochon. Et ta mère ne se plaint jamais. Pas une seule fois en tant d'années elle ne m'a reproché de sentir mauvais. Un jour, je lui ai demandé pardon.

– Qu'est-ce qu'elle a répondu ?

– Que je sentais le travail honnête et qu'il n'y avait rien à pardonner.

Le souper était excellent, des crêpes chaudes avec du miel et, après, du gâteau au chocolat. Les noix que nous avions retirées de l'écureuil étaient sèches. Tante Carrie les sortit du four et les éparpilla sur le dessus du gâteau. Elles ressemblaient à des petites étoiles dans un grand ciel marron. Et la tranche que je reçus était si grosse que même Salomon n'aurait pas pu la déplacer.

Plus tard, lorsque la vaisselle fut faite et pendant que maman et tante Carrie bavardaient dans la cuisine, nous nous assîmes, papa et moi, dans la salle, près de la cheminée. Nous avions allumé le feu, mais maintenant il était en train de s'éteindre. Prêt à s'endormir, comme les gens. Mais c'est bon, un feu, et c'est beau à regarder pendant qu'on parle.

Papa a dit un jour que le bois réchauffe trois fois : quand on le coupe, quand on le transporte et quand on le brûle.

– L'hiver approche, papa.

– C'est vrai.

– Je crois qu'il me faudra un manteau neuf.

– Demande à ta mère de se mettre à l'ouvrage.

– Je veux un manteau qu'on achète dans les magasins. *J'en ai besoin.*

– Moi aussi, j'en ai besoin. Mais il faut que tu comprennes ceci, Bob : *besoin* est un mot qui ne signifie pas grand-chose. Ça n'a rien à voir avec ce qu'on obtient. L'important ce n'est pas ton besoin, c'est ce que tu peux faire. Et ta mère te fera un manteau.

– J'ai tellement envie d'un manteau acheté dans un magasin ! Une seule fois ; un manteau écossais rouge et noir, comme celui de Jacob Henry. J'aimerais entrer rien qu'une fois dans un grand magasin avec de l'argent plein mes poches et toucher tous les manteaux. Les toucher l'un après l'autre et sentir l'odeur du neuf comme on sent celle des bottes neuves.

– Ce serait bien, évidemment. Ce serait très bien.

– Jacob Henry dit qu'à Learning il y a un magasin où on peut essayer tous les manteaux qu'on veut et se promener avec dans tout le magasin même si on n'achète pas. Tu sais ce que je ferais ? J'achèterais un manteau neuf rouge et noir comme celui de Jacob Henry. Il ferait de l'usage. Je ne l'userais jamais.

– Je pense qu'il serait trop petit pour toi avant que tu n'aies eu le temps de l'user.

– C'est possible, mais je voudrais tellement un manteau comme ça. Pourquoi faut-il que nous soyons pauvres ? Pourquoi, papa ?

– Parce que c'est ainsi.

– Je ne l'aurai jamais, ce manteau. Tu crois que je pourrai l'avoir un jour ?

– Bien sûr que tu pourras. Quand tu l'auras gagné. Un jour tu seras un homme. Bientôt.

– Plus tard.

– Non, pas plus tard, maintenant. Dès cet hiver. Tes sœurs sont casées toutes les qua-

tre. Tes deux frères sont morts. Mort-nés et enterrés dans notre verger. Alors, c'est à toi de prendre la relève, Bob.
– Pourquoi dis-tu ça, papa ?
– Parce que c'est mon dernier hiver, mon fils. Je suis malade, je le sais.
– Tu as vu le docteur Knapp ?
– Pas la peine. Tout a une fin. Ainsi va la vie.
– Non, papa, ne dis pas ça.
– Écoute, Bob. Écoute, fiston. Je t'ai dit la vérité. Il faut que tu la regardes en face et que tu te conduises en homme.
– Papa, papa...
– Surtout pas un mot à ta mère ou à tante Carrie. Mais à partir de maintenant, écoute bien tout ce qu'on te dit pour que tu apprennes à diriger cette ferme. Dans cinq ans, elle sera à nous, terre et bétail. Encore cinq ans. A ce moment-là, tu auras fini tes études.
– Je vais quitter l'école pour travailler à la ferme.
– Non, tu ne feras pas ça. Tu resteras à l'école et tu t'instruiras. Apprends tout ce que tu peux.

Je me levai pour me rapprocher de lui. Je touchai la manche de sa chemise et je sentis tout son corps se raidir. Il poursuivit en détournant les yeux.
– Il faudra que ce soit toi, Bob. Ta mère et ta tante ne peuvent pas le faire seules. Au

printemps, tu ne seras plus l'enfant de la maison. Tu seras l'homme de la famille. Un homme de treize ans, mais un homme tout de même, et tout ce qu'il y a à faire dans cette ferme doit être fait par toi parce qu'il n'y aura personne d'autre.

– Non, papa, non.

– Ta mère et tante Carrie ne pourront bientôt plus s'occuper de toi. C'est toi qui devras t'occuper d'elles. Des années de travail les ont vieillies. D'ailleurs, ta mère n'est plus jeune et tante Carrie a près de soixante-dix ans.

– Soixante-dix ans !

– Oui, fils. Abrégeons. Je me trompe peut-être, mais je crois que c'est pour bientôt. Les animaux savent quand ils vont mourir et je suis plus près de l'animal que de l'homme.

Je ne le croyais pas et je ne savais que dire. J'espérais seulement qu'il allait me tendre la main, me toucher ou m'embrasser. Mais il se leva, prit une brique chaude posée près du foyer, l'enveloppa dans un sac pour la mettre dans son lit et monta. Maman et tante Carrie étaient allées se coucher elles aussi. La salle était silencieuse et sombre.

Je regardai les braises rougeoyantes qui prenaient une teinte grise. Je restai là jusqu'à ce que le feu soit complètement éteint pour qu'il ne meure pas tout seul.

XIII

Octobre vint avec des couleurs aussi jolies que celles des rangées de linge qui sèche. Puis ce fut novembre. Le matin, quand je me rendais à l'étable pour traire Daisy, il faisait nuit noire et j'avais l'impression que l'air allait faire éclater mes poumons.

Papa examinait Rosy tous les jours depuis des semaines. Il me conseilla même de changer son régime et de mélanger des bouts de viande à sa pâtée. Assez pour l'exciter et la mettre en chaleur, mais elle ne donnait aucun signe de rut. Un jour, je rencontrai Mr. Tanner qui chassait le coq de bruyère sur la crête. Je lui parlai de Rosy et je lui demandai s'il la croyait stérile. Il me promit de venir le lendemain.

Il tint parole. J'avais à peine terminé mes tâches quand j'entendis le grincement des roues d'une charrette à bœufs qui descendait le long de la route. Bib et Bob la tiraient. Comme ils avaient grandi ! Derrière Mr. Tanner, les côtés de la charrette étaient fermés par des barreaux et je ne pouvais voir ce qu'il y avait à l'intérieur. Je courus à sa rencontre.

– Bonjour, Mr. Tanner.

– Bonjour, Robert. Belle journée !

Je regardai à travers les barreaux et je le vis : le verrat le plus vigoureux du comté, grand, méchant, un mâle superbe. Personne ne pourrait jamais le manger. Sa chair devait être dure comme de l'écorce et pleine de muscles.

– Où est la truie ? demanda Mr. Tanner.

– Par là, répondis-je en désignant du doigt le gîte de Rosy.

– Ton père est là ?

– Non, il est parti de bonne heure. En novembre, il a beaucoup de travail.

– Ça ne fait rien. Peut-être que ta truie est stérile, mais peut-être qu'elle ne l'est pas. Quelquefois une fille a besoin d'être caressée et courtisée. Toi et moi, nous ne pouvons pas mettre Rosy en chaleur parce que nous ne sommes pas assez beaux à ses yeux, mais attends qu'elle ait senti Samson. Il peut flairer les poussées du rut alors que nous ne nous apercevons de rien. Et s'il sent quelque chose, il la fera changer de musique.

Il recula la charrette vers la petite resserre et posa une rampe dessus pour Samson. En l'aidant à ôter les barreaux, j'observai le verrat tout à loisir. Il devait bien peser dans les deux cents ou deux cent cinquante kilos. C'était un énorme polonais ; Mr. Tanner le piqua d'un coup d'aiguillon : il quitta la charrette et descendit la rampe avec majesté. L'anneau de cuivre, pendu à son groin, accrocha un rayon de soleil et brilla d'un vif éclat.

– Toutes mes truies sont pleines. Il sera donc plus que ravi de rendre service. Il est isolé dans son parc depuis plus d'une semaine et il commence à s'énerver.

J'allai au fond de la remise et j'appelai Rosy, mais elle ne voulait pas venir et elle était bien trop grosse pour que je puisse la pousser. Je pris une petite baguette et je dus la battre pour la décider à avancer. Enfin, elle entra dans son box pour faire la connaissance de Samson. Ben lui frotta l'arrière-train, juste sous la queue, avec un morceau de lard.

Rosy était grosse, mais Samson paraissait deux fois plus gros qu'elle. Elle se contenta de le regarder, le groin contre le sol comme à son habitude, essayant de trouver une odeur qui lui apprendrait ce qu'était cette énorme créature. Son postérieur était aussi sec que la poussière, mais cela ne prouvait pas qu'il était incapable de s'échauffer.

Samson grogna. Il s'avança vers elle et la poussa avec son groin. Elle le laissa faire deux fois puis elle s'écarta de lui. Il s'approcha et frotta son épaule contre la sienne. Il voulut la flairer mais elle lui décocha une ruade. Il essaya à plusieurs reprises, mais elle s'agitait tellement qu'il ne put arriver à un résultat. Se retournant vers lui, elle lui planta ses dents sur le bord de l'oreille et en arracha un morceau avant que Mr. Tanner ait eu le temps de lui donner un coup de sa baguette.

– Ça fait partie de la cour, dit-il. Samson vient de recevoir une gifle, c'est tout.

Les deux cochons restaient face à face à se regarder. Ben Tanner alluma sa pipe.

– Comment va ton père ? demanda-t-il.

Il posait la question sur un ton insouciant comme s'il n'y attachait aucune importance, mais je savais qu'elle en avait. Ben Tanner me regarda comme je tardais à parler et je sus qu'il demandait une réponse.

– Il va bien, répondis-je. Il est si fort. Pas un seul jour de sa vie il n'a manqué d'aller à l'abattoir.

Je détournai les yeux et je me creusai la tête pour trouver autre chose à dire quand soudain miss Sarah sortit de la grange, accompagnée de ses trois chatons qui étaient

maintenant presque aussi gros qu'elle.
– Voilà les petits de miss Sarah, annonçai-je. Ils ont bien grandi.
– Tu sais, Caleb, mon gros chat de ferme, je te parie tout ce que tu veux qu'il est le père de ces chatons. Si c'est pas lui, je suis prêt à rentrer jusqu'à la maison à califourchon sur Samson.

En regardant Samson, je me dis qu'aucun être, vivant ou mort, ne serait capable de le monter. C'était un animal vicieux. Il avait un groin terrible bien que Ben Tanner ait coupé ses défenses avec des cisailles ou un sécateur. Ce n'était sûrement pas une petite affaire de lui servir de dentiste.
– Eh bien, maintenant que Caleb a fécondé miss Sarah, il faudrait bien que Samson en fasse autant pour Rosy.
– Eh oui, il le faudrait. Mais attention, fiston. S'il y arrive, je compte bien te réclamer mes droits de saillie.
– Les droits de saillie ?
– Cinquante dollars ou deux porcelets. Tu as le choix.
– Vous aurez vos deux porcelets.
– Tope là.

Ce n'était plus une visite d'amitié. Maintenant il s'agissait d'affaires et Samson semblait deviner ce que nous attendions de lui. Enfonçant son groin dans le flanc de Rosy, il la tourna à demi. Vif comme l'éclair, il sauta sur sa croupe, la maintint contre la clôture et se plaqua sur elle, les pattes antérieures sur ses épaules, prêt à la féconder. Elle essaya de se dégager mais il ne la lâchait pas, se déplaçant avec elle. Ses pattes arrière se raidissaient pour la maintenir et tout son corps se projetait en avant. Rosy poussait des cris perçants. Samson pesait sur elle de tout son poids et lui faisait mal en s'efforçant de la pénétrer.

Je me mis à haïr ce Samson si fort, si lourd et si méchant. Même lorsque, vaincue par son poids, Rosy plia ses pattes avant, il ne relâcha pas son étreinte. C'était un reproducteur primé et rien ne pouvait l'arrêter.

– Attends, dit Mr. Tanner, il n'y a pas une truie dans tout le Vermont qui refuserait Samson. C'est un mâle formidable.

C'était vrai. Samson était plus grand, plus fort et dix fois plus têtu que Rosy. Il fit donc d'elle ce qu'il voulait. Pendant tout le temps qu'il la couvrait, elle criait comme un cochon qu'on égorge. On aurait dit qu'elle pleurait et elle continua à gémir même quand, une fois satisfait, il se détacha d'elle.

Elle avait la croupe toute meurtrie et du sang coulait le long de ses pattes arrière. Elle tremblait de tous ses membres comme si elle ne pouvait plus se tenir debout. Je m'apprêtai à enjamber la barrière pour aller la caresser et la nettoyer un peu quand je sentis la poigne vigoureuse de Mr. Tanner qui me ramenait en arrière.

– Tu es fou, mon garçon ! Si tu t'approches d'elle, le verrat ne fera qu'une bouchée de toi. Où est ton bon sens, voyons !

– Je crains de ne pas en avoir beaucoup.

– Il serait temps que la raison te vienne. Quel âge as-tu ?

– Douze ans, monsieur, j'en aurai treize en février.

– Bien. A douze ans, on est encore un gamin. A treize, on devient un homme. Regarde Rosy. Elle était pucelle jusqu'à ce matin et maintenant elle est adulte. A partir d'aujourd'hui, elle est une truie. La prochaine fois, elle accueillera bien le grand mâle. Elle se jettera même contre les barbelés pour le recevoir. Tu comprends ?

– Je crois que oui, monsieur.

– Ton père est à l'abattoir ?

– Oui.

– Un rude travail. Il faudrait qu'il se repose un peu un de ces jours, maintenant qu'il peut compter sur toi pour la ferme.

– Papa travaille tout le temps. Jamais il ne se repose et, par-dessus le marché, sa tête n'arrête pas de travailler elle aussi. Je le vois bien. On dirait qu'il a essayé toute sa vie de poursuivre quelque chose. Je ne sais pas ce que c'est, mais c'est toujours devant lui et il ne peut pas le rattraper.

– Tu as pensé ça tout seul ?

– Oui, monsieur.

– Tu es bien malin pour un shaker. Et en classe, ça marche ?

– J'ai « A » en tout ou presque.

– En tout ?

– Sauf en anglais. Je n'ai jamais eu un « A » en anglais. Je veux bien être pendu si je sais pourquoi.

– Peut-être que ton professeur ne t'aime pas.

– C'est miss Malcolm. Si, elle m'aime bien. Mais je n'ai quand même pas de « A » en anglais.

– Bizarre.

– Elle dit que j'ai des possibilités. Ça veut dire qu'un jour je pourrai faire beaucoup de choses. Elle dit que je pourrais être plus qu'un fermier.

– Plus qu'un fermier ! (Ben Tanner devint écarlate.) Qu'y a-t-il de mieux qu'un fermier ? Il n'y a pas de plus haute tâche que l'élevage et la culture. Faire vivre et croître des choses. Notre mission est de prendre soin de tout ce que Dieu a créé de bon et je trouve qu'il n'y a rien de mieux.

– C'est ce que dit papa. Dans cinq ans, cette ferme sera à nous tout à fait.

– Content de l'entendre. Vous êtes de bons voisins.

Je me mis à rire.

– Qu'est-ce qu'il y a de si drôle ?

– Nous disons exactement la même chose de vous, papa et moi.

– J'ai vu toutes tes sœurs grandir. De bien jolies filles, gentilles et bien élevées, qui font honneur à tes parents.

– Merci, Mr. Tanner.

– J'ai eu bien de la peine quand tes deux frères sont morts. Bess était triste aussi. Elle est souvent venue chez ta mère à cause de ces malheurs. Mais maintenant tu es là, Robert. Tu as un petit capital pour démarrer. Rosy sera une bonne truie reproductrice. Elle aura au moins dix petits à chaque portée, au printemps et à l'automne, si tu la fais couvrir de nouveau trois jours après le sevrage. Ça fera vingt cochons par an. Cent en cinq ans.

– Cent cochons ! Oh là là !

– Ce n'est pas le nombre qui compte, mon garçon. Rosy n'est pas une truie comme toutes les autres. Elle a une lignée d'ancêtres vigoureux. Samson aussi. La truie qui l'a porté avait souvent douze petits au lieu de dix. Deux de plus. Ça représente des dollars, des dollars qui te serviront à payer cette ferme. Des bons dollars américains solides que tu pourras mettre à la banque.

Ces histoires de dollars et de porcs, de viande et de banque roulaient dans ma tête sans mener nulle part. Tout cela ne me paraissait pas très chrétien, mais tout le monde ne vit pas strictement selon les commandements du Livre des shakers.

– Nous sommes des gens simples, monsieur. Ce n'est peut-être pas bien de désirer tant de choses.

– Sottises ! Nous sommes chrétiens nous aussi, Bess et moi, tout comme vous.

– Mais vous n'êtes pas shaker, n'est-ce pas ?

– Non, je suis baptiste et Bess aussi. Un baptiste endurci. Je suis né baptiste et je mourrai baptiste, mais pas tout de suite.

Je faillis éclater de rire. Ainsi les trois personnes qui m'aimaient le plus après papa, maman et tante Carrie – Mr., Mrs. Tanner et tante Matty – n'étaient pas des shakers mais de bons baptistes convaincus. Voilà qui montrait à quel point je pouvais me tromper sur certaines choses.

XIV

La récolte de pommes fut mauvaise.

Le temps s'était refroidi et nous avions tout de même pu mettre en tonneau quelques Baldwin et Jonathan pour l'hiver. Papa avait raison : la récolte était maigre. Les pommes cueillies n'étaient pas grosses et elles avaient des vers pour la plupart. L'arbre qui était mort produisait des petites pommes vertes et très acides : des pommes à tarte. Alors, pas de tarte cette année.

A deux reprises, papa avait vu un chevreuil et des biches sur la crête mais, chaque fois qu'il avait chargé son fusil, les animaux étaient partis. Le père de Jacob Henry abattit un chevreuil et Ira Long aussi. L'un des garçons de ferme de Ben Tanner tua une biche, mais papa n'avait qu'un fusil de chasse pour le petit gibier et pas pour le chevreuil. Il fallait qu'il soit tout près pour tirer.

Presque tous les matins, il partait à la chasse de bonne heure dans l'espoir de tuer un chevreuil avant d'aller au travail mais il n'eut pas de chance. Un jour, il resta aux aguets pendant quatre heures sous une pluie glaciale. Après quoi, il se mit à tousser, d'une toux rauque qui l'obligeait à s'accrocher à quelque chose. Mais le pire fut quand il eut les poumons tellement malades qu'il cessa de dormir avec maman. Il couchait dans l'étable. Il faisait plus chaud près de Salomon et de Daisy, logés tous deux dans un endroit bien abrité.

La première neige tomba. Elle ne forma qu'une couche légère qui fondit au soleil le lendemain, mais d'autres chutes allaient suivre.

Rosy n'eut pas de portée. Elle avait été couverte mais elle était bel et bien stérile et elle mangeait trop pour qu'on puisse la garder pour le plaisir. Samson l'avait montée deux fois sans résultat. Elle n'était jamais entrée en chaleur, pas une seule fois.

Tout se termina par une sombre matinée de décembre. C'était un samedi et je n'avais pas classe. Après les travaux du matin, j'allai déjeuner avec papa. J'essayai d'avaler un grand bol de bouillie d'avoine toute chaude, mais je lui trouvai un goût de savon et même le bon lait frais de Daisy me paraissait fade. Je me sentais incapable de le boire. Papa était assis à table, tripotant une pipe qu'il ne pouvait fumer, les yeux fixés sur le petit déjeuner qu'il ne pouvait manger. Enfin, il se leva pour aller à la fenêtre. Dehors, les premières lueurs de l'aube commençaient à chasser l'obscurité de la nuit. Il se tourna vers moi, le visage grave :

– Allons, Bob, il le faut.

Je ne posai pas de questions. Je savais. Maman et tante Carrie savaient aussi car, au moment où nous allions mettre nos manteaux pour sortir, elles nous suivirent toutes les deux et m'aidèrent à enfiler le mien.

La neige était tombée la nuit d'avant, laissant sur le sol une couche légère comme la couche de farine dont maman saupoudre sa planche à gâteaux. Je suivis papa jusqu'au hangar à outils et je le regardai aiguiser les couteaux sur la meule. Le couteau de boucher était court et épointé avec une lame courbe, mais son tranchant était extrêmement effilé. Il mit des bottes en caoutchouc et un tablier de cuir attaché à la taille. Nous étions prêts.

Je pris quelques outils et une scie à os dans le hangar et j'allai avec papa jusqu'à la resserre que Salomon avait déplacée – la maison de Rosy. Blottie à l'intérieur, sur son lit de paille propre, elle dégageait une douce chaleur qui sentait bon. Je l'appelai en essayant de prendre un ton joyeux :

– Viens, Rosy, le jour se lève.

Mais j'avais la gorge serrée et les mots ne passaient pas. Je la poussai du bout du pied mais, finalement, je dus prendre une baguette pour l'obliger à se lever. Elle vint à moi et frotta son groin contre ma jambe. Sa queue en tirebouchon frétillait comme si elle était contente que la journée commence. Les gens disent que les cochons ne sentent rien et qu'ils ne remuent pas la queue. En tout cas, je suis sûr que Rosy savait qui j'étais, et sa queue le savait aussi.

Pendant que papa allumait le feu pour faire bouillir de l'eau, je la poussai hors de son abri pour l'emmener dans une stalle, celle où Samson l'avait couverte. Devant la porte, elle recula et je dus la frapper à coups redoublés pour l'obliger à avancer. Je lui ai probablement fait mal mais cela n'avait plus guère d'importance.

Nous entrâmes derrière elle et nous fermâmes la porte en plaçant la barre de bois en travers. Je m'agenouillai dans la neige, je passai mes bras autour de son gros cou blanc et je respirai sa bonne odeur forte. Rosy, lui dis-je en moi-même, essaie de comprendre. S'il y avait un autre moyen, si seulement papa avait pu abattre un chevreuil cet automne. Ou si seulement j'étais assez grand pour gagner de l'argent, si seulement...

– Aide-moi, fils, dit papa. Le moment est venu...

Il posa ses outils sur le sol, ne conservant qu'un levier de quatre-vingt-dix centimètres. Nous ne portions de gants ni l'un ni l'autre et je savais que le levier était glacé. Je l'avais porté, il était plus froid que la mort.

– Recule, dit-il.

– Papa, je crois que je ne pourrai pas.

– Il le faut, Bob, il n'y a rien d'autre à faire.

Je me relevai et m'éloignai de Rosy pendant que papa s'approchait de sa tête. Elle se tenait dans la neige fraîche, ses petits yeux fixés sur mes pieds. Je vis papa saisir le levier et le lever très haut. Je fermai les yeux et j'ouvris la bouche comme pour crier à sa place. J'attendis, guettant le bruit que je finis par entendre.

C'était un bruit d'écrasement que l'on entend seulement quand un coup de massue fend un crâne de porc. Je haïssais papa à ce moment-là. Je le haïssais pour l'avoir tuée, elle, et pour tous les cochons qu'il avait tués dans sa vie... pour les centaines et les centaines de porcs massacrés.

– Allons, vite, dit-il.

J'ouvris les yeux et j'allai à elle. Rosy gisait

dans la neige. Elle remuait et respirait encore. J'aidai papa à la rouler sur le dos. Les jambes écartées au-dessus d'elle, je tins ses deux pattes avant dressées. De sa main gauche, papa lui abaissa la tête pour que le haut du groin touche le sol. De la main droite, il tenait le couteau à la lame incurvée. Il le lui enfonça dans la gorge et le ramena vers lui, sectionnant l'artère principale du cou. Le sang gicla et ruissela sur le sol, éclaboussant mes bottes. J'avais envie de hurler et de m'enfuir en courant mais je restai là, maintenant les pattes qui s'agitaient en l'air.

Tout était calme autour de nous. On aurait dit un matin de Noël. Le sol était taché de sang chaud qui s'écoulait et fumait sur la neige froide.

Je sentis le dernier frémissement de son corps contre mes chevilles. Je dus détourner les yeux. Pendant que papa achevait sa besogne, je fixai du regard la vieille remise qui avait été la demeure de Rosy.

Papa travaillait calmement et vite. Les entrailles furent sorties ; elles formaient une masse fumante sur la terre froide. Ensuite, chacun de nous plaça un crochet dans les mâchoires et nous tirâmes le corps pour le plonger dans l'eau bouillante. Une fois bouilli, il fut débarrassé de ses poils et de son cuir et scié en deux.

Papa respirait comme aucune créature vivante ne devrait respirer. Jamais je n'avais vu un homme travailler aussi vite. Il devait avoir les mains gelées, mais il poursuivait sa besogne sans gants.

Enfin il s'arrêta, m'écarta et m'obligea à tourner le dos au cadavre. Il se mit devant moi, son corps était trempé de sueur. Je ne pus m'empêcher de penser à Rosy, ma bonne grosse Rosy si douce et si blanche qui me suivait partout. Elle était la seule chose au monde que j'aie vraiment possédée, la seule chose dont je pouvais dire : elle est *à moi*. Et maintenant, il n'y avait plus de Rosy. Il ne restait d'elle qu'un amas de chair sanglante. Et je pleurai.

– Oh papa ! j'ai le cœur brisé.

– Moi aussi, dit-il, mais je suis heureux que tu sois un homme.

Je m'effondrai. Il me laissa verser toutes les larmes de mon corps. Je sanglotai, la tête levée vers le ciel et les yeux fermés, espérant que Dieu m'entendrait.

– C'est ça qu'on appelle être un homme, fils. C'est faire ce qui doit être fait.

Je sentis sa grande main toucher mon visage. Ce n'était pas la main qui tuait les porcs, mais une main presque aussi douce que celle de maman. Pourtant, elle était rugueuse et glacée. J'ouvris les yeux pour la regarder et je vis ses phalanges ruisselantes de sang. C'était cette main qui venait de tuer Rosy. Il l'avait fait parce qu'il le fallait. Et il savait qu'il n'aurait jamais à me dire qu'il le regrettait. Sa main contre mon visage essayant de sécher mes larmes, son poing cruel qui égorgeait les cochons, avec ses doigts épais qui effleuraient si doucement ma joue, me le disaient.

Je ne pus m'en empêcher. Je pris sa main toute gluante de sang et la portai à ma bouche. Je la tins serrée contre mes lèvres. Je l'embrassai encore et encore avec son odeur de cadavre de porc. Il comprendrait ainsi que, même s'il me tuait, je le lui pardonnerais.

Je lui tenais toujours la main quand il se redressa de toute sa hauteur sous le ciel d'hiver. Il me regarda puis il se détourna. De sa main libre, il passa la manche de sa veste sur ses yeux. C'était la première fois que je le voyais faire ce geste. La seule fois.

XV

Papa survécut à l'hiver. Il mourut dans l'étable le 3 mai pendant son sommeil.

Il était toujours debout avant moi mais, ce matin-là, quand je sortis pour aller à l'étable, tout était calme. Il était allongé sur le tas de paille qui lui servait de lit. Je n'eus pas besoin de m'approcher de lui pour comprendre qu'il était mort.

– Papa, dis-je, sois tranquille. Tu peux dormir ce matin. Je vais faire le travail. Repose-toi.

Je m'occupai de Salomon et de Daisy. Je leur donnai à boire et à manger, puis il fallut traire la vache, lancer du grain aux poules, vérifier si elles avaient de l'eau et ramasser les œufs. Il y en avait un qui venait tout juste d'être pondu. Il était encore tout humide. Je n'en trouvai que sept : cinq blancs et deux marron. Je les nettoyai et je les portai en haut dans le cellier.

Après, j'allai dans la cuisine où maman et tante Carrie s'affairaient déjà. A treize ans, j'étais plus grand qu'elles. Je leur passai à chacune un bras autour de la taille et je les serrai contre moi.

– Mettez mon repas dans un panier, leur dis-je. Je vais en ville avec Salomon pour voir Mr. Wilcox. Papa ne viendra pas déjeuner. Pas ce matin... plus jamais. Je serai de retour dans deux heures. Je vais d'abord aller prévenir Matty, Hume et quelques autres.

– Va, dit maman. Nous ferons ce qu'il faut, Carrie et moi. Tu n'as pas le temps d'avertir tes sœurs. Elles sont toutes dispersées dans le Vermont et ne pourraient venir.

– Je leur écrirai. Pour les funérailles, est-ce qu'il a des vêtements convenables ?

– Oui. Ils sont prêts depuis quelque temps, dans le coffre au camphre au pied de... notre lit.

– Pourrais-tu les sortir pour que tout soit prêt quand Mr. Wilcox viendra ?

– Tout sera prêt, dit maman.

Je les embrassai toutes les deux sur le front et j'allai atteler Salomon. Je l'arrêtai devant la porte de la maison. J'entrai, je pris un repas (que je ne devais pas manger d'ailleurs) enveloppé dans une serviette à carreaux toute propre et je partis pour Learning.

J'allai chez Mr. Wilcox, un bon shaker qui prenait soin de nos morts. Après avoir annoncé la nouvelle à Hume et à tante Matty, sur le chemin du retour je m'arrêtai deux fois pour prévenir les voisins : Mrs. Bascom et Ira et les Tanner. Quand j'arrivai à la maison, Mr. Wilcox était déjà là. Je vis son hongre bai devant l'étable, attelé à une petite charrette. Derrière le siège, il y avait un cercueil en bois blanc, sans poignées. C'était un don de l'association des shakers de Learning. Il faudrait que je trouve de l'argent pour payer Mr. Wilcox, mais il ne prendrait pas cher, car il était aussi le juge du comté.

– Les gens seront là à midi, lui dis-je pendant qu'il préparait papa.

– Tout sera prêt, Robert.

– Merci, monsieur.

J'informai maman et tante Carrie de l'heure des funérailles. Je savais qu'elles seraient prêtes et qu'elles mettraient ce qu'elles avaient de plus convenable.

– Il n'y aura pas beaucoup de monde, dis-je. Peut-être six personnes en tout.

– Bob, je suis contente que tu te charges de tout. Je n'aurais jamais pu le faire toute seule.

– Mais si, maman, tu aurais pu. Quand on

est seul pour faire quelque chose, on arrive toujours à le faire.

Je creusai une tombe dans le carré de notre verger où reposaient les membres de la famille. Après quoi, je cherchai quelque chose à faire. La veille de la mort de papa, nous avions commencé à réparer un soc de charrue dans le hangar. Au lieu d'attendre l'arrivée des gens, je me mis au travail et j'avais à peu près terminé quand ce fut l'heure.

En sortant du hangar, je remarquai une chose qui ne m'avait jamais frappé auparavant. La plupart des outils de papa étaient noircis par l'âge et leur manche était marron foncé. Mais à l'endroit où il les tenait, ils avaient une teinte plus claire, presque dorée. L'usure les avait polis. J'examinai tous ces manches dorés par le travail. C'était beau à voir.

J'eus envie de les toucher tous, de les tenir comme il le faisait, simplement pour voir si mes mains étaient assez grandes pour les manier.

Sous les outils, je découvris une vieille boîte à cigares toute grise de poussière. Elle contenait un crayon usé et un vieux morceau de papier. Je le dépliai et je vis que papa s'était exercé à écrire son nom. L'un des « Haven Peck » était presque parfait ; il commençait à avoir le coup de main.

Le papier était sec et tout jauni, comme s'il avait longtemps servi. Je le repliai soigneusement comme papa l'avait fait lui-même. Je le replaçai dans la boîte et refermai le couvercle.

Il était près de midi. Je rentrai me changer. J'avais un costume noir que maman m'avait fait mais il me donnait un air de prédicateur. D'ailleurs, il était devenu trop petit et celui de papa était trop large. Je me contentai donc d'enfiler une paire de chaussures de travail neuves, couleur havane, et un vieux pantalon noir de papa dont je retournai les jambes à l'intérieur et que j'arrangeai à mes mesures avec des épingles. Je mis une de ses chemises sans cravate. Je me regardai dans la glace pour voir si j'avais la dignité nécessaire pour conduire le deuil. Je ressemblais à un clown. Les chaussures fauves donnaient l'impression que j'étais pieds nus et la chemise ne m'allait pas du tout. Je l'enlevai et la jetai par terre.

– Écoute-moi, mon Dieu, m'écriai-je, c'est affreux d'être pauvre !

A midi, tout le monde était là. Papa était habillé et nous venions d'apporter le cercueil dans la maison.

Tante Matty et Hume arrivèrent les premiers. Mrs. Bascom vint avec Ira Long. Maintenant, elle s'appelait légalement

Mrs. Long, mais dans mon esprit elle était toujours Mrs. Bascom. Mr. Tanner et sa femme descendirent d'une charrette noire tirée par des chevaux noirs. Je sortis pour les recevoir.

– Merci d'être venu, Mr. Tanner.

– Mon nom est Benjamin Franklin Tanner, Robert. Tous mes voisins m'appellent Ben. Je pense que deux bons amis comme nous doivent s'appeler par leur prénom.

– A partir de maintenant tu m'appelleras Bess, dit sa femme.

Pendant que les Tanner rejoignaient les autres dans la salle, je regardai la route. Une charrette arrivait avec May et Sebring Hillman et une autre avec Jacob Henry et sa famille. Mr. Clay Sanders, le patron de papa, et plusieurs hommes qui travaillaient avec lui à l'abattoir le suivaient. Il n'y aurait pas d'abattage ce jour-là, un jour de sursis pour les cochons.

J'étais content qu'ils soient tous là. Quelques-uns n'étaient pas mieux habillés que moi, quelques-uns même moins bien, mais ils venaient nous aider à mettre Haven Peck en terre. Et c'était tout ce qui comptait. Ils étaient venus parce qu'ils le respectaient et voulaient lui rendre hommage. Pendant que je regardais les hommes qui se tenaient d'un air gêné dans notre petite salle, je me sentais heureux pour papa. Il n'était pas riche mais, que diable, il n'était pas pauvre non plus. Il le disait toujours et je pensais qu'il se moquait de lui-même. Mais il parlait sérieusement. C'est vrai : il possédait beaucoup.

Le cercueil était posé sur la longue table de la cuisine. Nous n'avions pu le mettre ailleurs sous notre toit car papa était grand, mais ainsi ses amis ne pouvaient le voir. J'aimais autant cela. Un homme ne peut reposer en paix quand on le regarde.

En tant que fils aîné, je devais prononcer un petit discours sur mon père. Je ne savais pas ce que j'allais dire. Ce que je pensais de papa ne pouvait s'exprimer. Être son fils, c'était comme si j'avais connu un roi.

– Haven Peck, dis-je, bon époux et bon père, fermier travailleur et voisin serviable. Aimé de sa femme, de ses quatre filles et de son unique fils vivant. Nous sommes heureux de t'avoir connu et nous demandons simplement que ton âme entre dans le royaume des Cieux pour y demeurer à jamais.

Mr. Wilcox m'avait appris ces mots, aussi je suppose que je m'en suis bien tiré. Nous quittâmes la salle pour défiler dans la cuisine afin de voir papa une dernière fois. Plusieurs personnes dirent « amen » en passant devant le corps.

Nous clouâmes le couvercle du cercueil en

bois blanc. Puis, six hommes le soulevèrent et l'emportèrent jusqu'à la tombe que j'avais creusée dans le verger. Ils le descendirent dans la fosse avec des cordes attachées à deux traverses de bois pour pouvoir les retirer ensuite. D'après le Livre des shakers, il n'était pas bon d'enterrer les cordes avec le cercueil. Probablement parce que les cordes étaient si chères ; encore une raison de bon sens, sans doute.

J'avais placé deux pelles à côté de la tombe ouverte. Quand le cercueil fut descendu, Ira Long et Sebring Hillman, les deux hommes les plus forts, commencèrent à jeter de la terre dans la fosse. Les premières pelletées contenaient des cailloux qui firent résonner le bois avec un bruit de tambour. Lorsque le cercueil fut recouvert d'une couche épaisse, le son devint de plus en plus sourd. Quand toute la terre fut enfin replacée, ils l'aplatirent avec le dos de leur pelle. Aucune inscription, aucune pierre tombale, rien n'indiquait qui était cet homme ni ce qu'il avait fait pendant ses soixante années de vie.

Ensuite, nous partîmes tous. Tante Carrie et maman m'encadraient. Toutes deux avaient un air si digne que j'étais fier de marcher entre elles. Le doux visage de maman était si triste et son regard si vide. On ne parlerait jamais de ce qui lui manquait le plus. Nous allions tous le regretter pour des raisons différentes.

Quand tout le monde prit congé, Ben Tanner s'approcha de moi.

– Si nous pouvons t'être utiles, Bess ou moi, appelle-nous, dit-il.

– Merci, Ben, vous êtes le meilleur des voisins.

– Quand tu as dit ça, j'ai cru entendre ton père.

– J'essaie de lui ressembler.

Ils étaient tous partis. Maman et tante Carrie s'affairèrent à la cuisine en se disputant pour ne pas pleurer. Je remis mes vêtements de travail et j'arrangeai la porte de la laiterie.

– Salomon avait une entaille sur l'œil (je ne sais comment il se l'était faite) et je le soignai avec de l'acide borique aussi bien que je le pus. Je nettoyai l'atelier et j'aiguisai une faux. Je coupai un jeune sassafras et je le préparai pour le faire ramollir dans l'eau bouillante afin de fabriquer un nouvel arc pour le joug du bœuf. Enfin, je plaçai un trou aux deux extrémités pour les clavettes.

A l'heure des corvées quotidiennes, je fis toutes les besognes habituelles : traire Daisy, donner à boire et à manger au bœuf et à la vache, changer leur litière. Après quoi, je pris le repas du soir avec maman et tante Carrie.

Il n'y avait que des haricots ; nous nous étions nourris de porc et de haricots tout l'hiver et ni l'un ni les autres ne passaient plus facilement.

Après le dîner, nous fîmes la vaisselle. Maman avait l'air épuisé, Carrie aussi. Je les envoyai toutes deux au lit avec une tasse de thé chaud.

Sachant que je ne pourrais dormir, je mis mon manteau et sortis. J'allai voir Daisy et Salomon. Ils étaient parfaitement calmes. Ils se faisaient vieux et ils aimaient rester à l'étable même par une belle nuit de printemps comme celle-là.

Quelque chose se frotta contre ma cheville. C'était miss Sarah qui venait me dire bonsoir avant d'aller chasser les taupes dans le pré.

Je ne sais pourquoi mes pas me portèrent vers le verger. Tout le travail était fait par là. Je pense que j'avais besoin de dire bonsoir à papa et de rester seul avec lui.

Les hannetons étaient sortis et je les entendais bourdonner autour de moi. On aurait dit un chœur. Je m'arrêtai devant la tombe fraîchement remuée. Quelque part, sous toute cette argile du Vermont, reposait mon père, Haven Peck, enseveli sous cette terre qui lui avait coûté tant de sueur et qu'il désirait si ardemment posséder. Maintenant, c'était elle qui le possédait.

– Bonne nuit, papa, murmurai-je. Nous avons eu treize bonnes années.

C'était tout ce que je pouvais dire. Je fis demi-tour et je m'éloignai de ce carré de terre sans herbe.

Un texte au dos de chaque couverture vous présente les héros, leur âge, les thèmes abordés dans le récit. Vous pourrez ainsi choisir votre livre selon vos interrogations et vos curiosités du moment.

Au début de chaque ouvrage, l'auteur, le traducteur, l'illustrateur sont présentés. Ils vous invitent à communiquer, à correspondre avec eux.

CASTOR POCHE
Atelier du Père Castor
4, rue Casimir-Delavigne
75006 PARIS

245 **Les manèges de la vie** (senior)
par Andrée Chedid

Sept nouvelles composées d'actualités, de mémoires, de faits divers, qui se déplacent en divers points du globe pour toujours parler d'amitié, d'amour, de ces vies ordinaires métamorphosées par la souffrance, l'émotion.

246 **Les voleurs de lumière** (senior)
par Victor Carvajal

Dans chacun de ces huit récits, un enfant prend la parole. Selon ce qu'il est - son courage, ses rêves et sa propre expérience -, il raconte la vie dans les bidonvilles du Chili quand, pour survivre, il faut résoudre autant de problèmes qu'il y a de jours dans l'année. Un fil conducteur relie toutes ces histoires : l'espoir, le goût de vivre et d'aimer...

247 **Une chouette, ça vole!**
par Molly Burkett

Une petite chouette dans une cage qui n'a même pas de porte... Emue, la famille Burkett l'achète dans l'intention de la relâcher. Mais Tchivett n'a pas plus de vie qu'une plante en pot. Jusqu'au jour où une femelle chevêche, soignée chez les Burkett se prend d'intérêt pour lui, le force à bouger, lui apprend à voler. Et peu à peu, Tchivett reprend goût à la vie...

248 **Vif-Argent**
par Josep Vallverdu

Vif-Argent, le jeune chiot, s'est échappé de la voiture de ses maîtres. Après une nuit à la belle étoile, il est recueilli par Louison qui l'emmène vivre avec lui à la ferme. Jour après jour, le chiot fait son apprentissage de la vie. Mais il lui reste de dures épreuves à affronter...

249 A bientôt Maman !
par Henryk Lothamer

Tous les enfants sont fous de joie de préparer leur départ pour la colonie de vacances. Seul, dans son coin, Alek écrit à sa mère. Même ses meilleurs amis ignorent cette correspondance. Alek a un second secret : un petit miroir rond qu'il prétend tenir de sa mère. Avant de s'endormir, Alek le presse contre sa joue et vit des aventures étonnantes...

250 Une vie de chien
par Marie-Noëlle Blin-Blunden

Pour ses onze ans, Jérémie n'arrive pas à convaincre ses parents de lui offrir un chien. Son désir devient si grand qu'il vole un chiot au voisin et l'élève en cachette dans une cabane nichée dans un arbre. Se met alors en route un engrenage de mensonges, accidents et catastrophes, où l'humour ne perd pas ses droits.

251 Les esprits du monde vert
par Anne Guilhomon-Lamaze

Un jour enfin, Émile est en âge d'accompagner son oncle à la chasse. Mais Emile se retrouve bientôt seul au cœur de la profonde forêt guyanaise, son oncle ayant mystérieusement disparu. Comment survivre dans ce monde vert, à la fois inquiétant et envoûtant ?

252 La malédiction des opales (senior)
par Colin Thiele

Ernie Ryan, 14 ans, vit avec son père dans l'une des régions les plus rudes du monde, là où se trouvent les mines d'opales d'Australie. Avec l'espoir fou de trouver quelques éclats, Ernie creuse dans une mine abandonnée. Et un jour, c'est la chance inespérée : il découvre des opales superbes. Mais son rêve se transforme vite en cauchemar.

253 **Pour une barre de chocolat**
par John Branfield

Sarah est diabétique depuis l'âge de neuf ans, mais elle a beau savoir qu'il y va de sa vie, qu'il lui faut ces injections d'insuline, elle clame sa révolte : c'est injuste, pourquoi elle ? Crises de larmes et scènes familiales, trêves et reprises des hostilités, l'univers de Sarah n'est que montagnes russes...

254 **Le héron bleu (senior)**
par Cynthia Voigt

Jeff a sept ans lorsque sa mère quitte la maison. Le garçon grandit dans la hantise de décevoir son père qu'il appelle "le Professeur". Invité par sa mère, le temps des vacances, Jeff est à nouveau séduit par son charme et sa vivacité. Il ne vit plus que dans l'attente d'une nouvelle rencontre. Un rêve ruiné l'été suivant...

255 **Zahra**
par Evelyne Kuhn

Zahra, 10 ans, vit à Nancy avec sa famille venue du Maroc à sa naissance. Depuis le 15 mars, Zahra élève de CM1 entretient une correspondance régulière avec Sandrine qui a son âge et vit à Paris. Les deux filles, qui ne se sont jamais vues, échangent leurs joies et leurs soucis quotidiens...

256 **Chère camarade (senior)**
par Frances Thomas

Tout a commencé lors de la boum de Simon. Kate disait qu'elle était pensionnaire dans une école qu'elle détestait et que personne ne lui écrivait jamais. Paul s'était tout de suite dit qu'il fallait que cela change. Au début Kate ne l'encourage guère. Au fond, elle ne partage avec lui qu'une aversion totale pour les études. Mais lettre après lettre, leur amitié grandit.

257 **Diatorix et Marcus**
par Bertrand Solet

Il y a 73 ans que Vercingétorix s'est rendu à Jules César ; nous sommes en l'an 21 de notre ère. Diatorix, fils d'un grand chef gaulois, a été élevé par Titus Prolimus le Romain. Mais aujourd'hui, Diatorix doit choisir son camp car le pays s'agite. Les peuples celtes se soulèvent contre l'occupation romaine.

258 **Singularité (senior)**
par William Sleator

Barry entraîne Harry, son frère jumeau, dans une vieille bâtisse isolée. Mais la maison leur réserve d'inquiétantes surprises. Il s'est produit d'étranges choses dans la pinède voisine et l'aventure tourne bientôt à la lutte sourde, non plus seulement entre les deux frères, mais contre des forces inexpliquées.

259 **Le téléphérique de la peur**
par Robert Kellett

Au lieu d'emprunter avec leur père le tunnel du Mont-Blanc, Liza, 11 ans, a réussi à convaincre sa sœur aînée de faire le trajet en téléphérique par les sommets. Elles se retrouvent dans la dernière cabine avec Christian et Mark, deux garçons de leur âge. Mais après le passage du premier pylône, une détonation claque et c'est l'accident...

260 **Moi, Alfredo Perez**
par Marie-Christine Helgerson

Ma famille et moi avons quitté le Mexique pour un pays riche : les États-Unis. Riche ? Pas pour tout le monde. J'ai été ramasseur de fruits, laveur de vaisselle. Mais j'ai mis aussi en route un vieux projet : dénicher des choses rares et les vendre. J'ai longtemps trié des masses de camelote, jusqu'au jour où...

261 Rendez-vous sous l'horloge
par Isolde Heyne

Inka vit avec sa mère en RFA depuis maintenant quatre ans. Un voyage de classe va lui permettre de retourner dans son pays natal, la RDA et de retrouver à Berlin Est son amie Tutty. Pour Inka, il est bien difficile de se faire une nouvelle vie...

262 L'armoire magique
par C.S. Lewis

Quatre enfants pénètrent dans une armoire et se retrouvent plongés dans un monde magique. Devenus rois et reines de Narnia, ils vivent de longues années pleines de rebondissements. Pourtant, lorsqu'ils repassent la porte de l'armoire, personne n'a eu le temps de remarquer leur absence...

263 Ratafia
par Alain Coudert

Fuyant la misère et le froid, le rat Ratafia embarque sur un navire en partance pour les îles des Caravelles. Mais au terme d'une traversée mouvementée, Ratafia et ses compagnons doivent affronter bien des difficultés avant de pouvoir installer leur petite colonie. La nature et les hommes se montrent hostiles et souvent imprévisibles...

264 Brave petit grille-pain
par Thomas M. Disch

Un aspirateur, un radio-réveil, une lampe de bureau, une couverture et un petit grille-pain sont abandonnés depuis des mois. Désolés de se sentir inutiles, ils partent à la recherche de leur maître. En chemin, les difficultés ne manquent pas, mais le grille-pain soutiendra le moral de la petite troupe dans sa quête d'un foyer et d'un emploi digne de son ardeur à l'ouvrage...

265 **Sauvons les dragons**
par Willis Hall

Le vieux magicien enferme Edgar Hollins dans une armoire magique. Le numéro de disparition laisse le public bouche bée tandis que le jeune Edgar se réveille au temps du roi Arthur et des chevaliers de la Table Ronde. Là, Merlin l'Enchanteur le charge d'une mission de la plus haute importance : sauver les derniers dragons.

266 **Gaufrette, Petit-Beurre et Chocolat**
par François Schoeser

Gaufrette, Petit-Beurre et Chocolat, ce n'est pas seulement un bon goûter, mais aussi trois amies inséparables qui ont des idées plein les poches. Il y a Elsa, la blonde aux taches de rousseur, Fatima, café au lait, et Eugénie, noire et crépue. Difficile de faire accepter cette amitié aux copains, aux parents surtout !

267 **Aventure en plein ciel (senior)**
par Ivan Southall

Six jeunes Australiens s'envolent à bord d'un petit avion monoplan. Au cours du vol, c'est l'épouvante : le pilote s'écroule, victime d'une crise cardiaque et un violent orage se déchaîne... Gerald, 14 ans, prend les commandes. Il ne connaît pas grand-chose au maniement de l'avion. Comment et où atterrir ?

268 **Un éléphant pour Mouthou**
par Carolyn Sloan

Dans le sud de l'Inde. Mouthou rêve de devenir conducteur d'éléphants comme son père. Un jour, il apprend une terrible nouvelle : le gouvernement n'autorise plus la capture d'éléphants sauvages pour les domestiquer. Alors, lorsque Mouthou découvre dans la forêt une éléphante blessée et son petit, il décide de s'occuper d'eux, en cachette...

269 **Ma grand-mère et moi**
par Achim Bröger

Au retour de l'école, Julia s'étonne de ne pas voir sa grand-mère à la fenêtre comme tous les jours. Elle se précipite et la trouve endormie sur son lit, très pâle. Grand-mère est malade. Est-ce grave ? Julia découvre en Dirk un véritable ami qui comprend tout, même l'inquiétude de Julia.

270 **Debout, Cosaques !**
par Bertrand Solet

Parce que le tsar a fait tuer son frère dans la tour des supplices, le Cosaque Stenka Razine se révolte. Avec ses compagnons, les "Cosaques voleurs", il pille les villes, soulève la foule des paysans qui souffrent et peinent le long des grands fleuves russes...

271 **Les étoiles cachées**
par Régine Soszewicz

Juillet 1939. Régine, 8 ans, vit heureuse à Paris avec sa petite sœur. Mais la déclaration de guerre bouleverse son horizon et lui fait comprendre qu'elle est différente des autres enfants. Fuyant les persécutions, ses parents sont venus de Pologne il y a quelques années et pensaient trouver la sécurité en France. Mais les rafles se multiplient et l'inquiétude grandit....

272 **Panique à bord !**
par Florence Parry Heide

Noah se lamentait d'être enfant unique. La venue prochaine d'un petit frère ne l'enthousiasme pas davantage. Arrive une petite sœur et, avec elle, le chaos complet... Pourtant, Noah découvre bientôt qu'un bébé à la maison n'est pas uniquement un fléau...

273 **Temps sans frontières**
par Liliane Korb

David explore un chantier de démolition et brusquement, c'est la chute. David se retrouve dans un univers étrangement froid et silencieux. Il croit d'abord à un décor de cinéma, mais le canon tonne et de vrais obus tombent sur la ville assiégée.

274 **Le retour de Biscotte Mulotte**
par Anne-Marie Chapouton

Après quelques mois passés en Tunisie, la famille Mulotte décide de regagner son village de Provence. Mais tout commence bien mal : Maman Mulotte disparaît... Biscotte et sa cousine Tartine n'hésitent pas à demander de l'aide aux rats d'égout qui ont pourtant bien mauvaise réputation...

275 **Ernest ou le passé composé**
par Patrick Vendamme

Les travaux de l'autoroute proche divisent les habitants du village de Roquevières. Dans leur hôtel-bar, le couple Marmousset accueille deux jeunes enfants. Aïcha et Thomas, curieux de tout, rencontrent Ernest, gardien du château en vente depuis des années. Le vieil homme solitaire cherche un moyen d'arrêter les travaux qui menacent sa retraite...

276 **Amy et le capitaine (senior)**
par Richard Kennedy

Amy était une petite fille à l'orphelinat Sainte-Anne. Mais son cher pantin de toile, le Capitaine, a pris vie pour de bon et l'a quittée pour chercher fortune. Sans nouvelles de lui, Amy s'est laissée dépérir. La voici poupée de chiffons à son tour. Le capitaine l'emmène sur sa goélette à l'étrange équipage. Plein cap sur un trésor !

277 **La clairière** **(senior)**
par Alan Arkin

Bubber le lemming et ses amis, les animaux de la forêt, se posent des questions bien compliquées pour eux. Couguar, obéissant aux mystérieux ordres de l'ours, déclenche une suite d'événements qui conduit les animaux à une remise en cause de tout ce qui, jusqu'ici, avait paru si simple.

278 **Merci, Barnabé !**
par Christine Arbogast

Lorsque Jonathan décide d'abandonner ses études pour ouvrir un restaurant réservé aux enfants, Barnabé, son jeune frère, est enthousiasmé et n'a qu'un désir : participer, lui aussi, à cette entreprise passionnante! Mais tout ne se déroule pas aussi facilement que prévu...

279 **Le fennec et le Paris-Dakar**
par Jean-Pierre Espéret

Laklak la cigogne revient du Sud avec une triste nouvelle. Srir le fennec a été kidnappé et vendu à des étrangers du rallye Paris-Dakar. Taleb le renard n'hésite pas un instant : il lui faut sauver son cousin. Il entraîne Dib le chacal dans une aventure où ce dernier fera souvent les frais des idées saugrenues de son compère. Jusqu'où l'amitié les mènera-t-elle ?

280 **Prête-moi ta plume**
par les ambassadeurs de l'amitié

Des jeunes de sept à quinze ans disent ce qui leur tient à cœur. A travers ces quarante témoignages aux accents authentiques, parfois drôles, souvent pathétiques, toujours émouvants, se dégage un message d'amour et de respect.

281 **Jessie la parfaite**
par Andrea Balis et Robert Reiser

A dix ans, Jessie en a assez de se faire traiter de petite fille modèle et de chouchoute de la maîtresse. Alors, Jessie s'accorde de menus écarts de conduite. Rien de bien grave pour commencer, mais de petit mensonge en mensonge éhonté, elle va se retrouver aux prises avec des ennuis plus gros qu'elle.

282 **La Griffe de l'enfer**
par Roger Judenne

Le clan des Lunes vit dans le pays froid du Nord. Le clan des Soleils vit dans le pays du Sud. Depuis toujours, les deux clans franchissent la Griffe de l'enfer, formidable barrière naturelle qui sépare le pays du Nord de celui du Sud. Les uns et les autres rêvent de vivre en paix, mais ils ne savent faire que la guerre.

283 **Tempête au bord du Nil**
par Luce Fillol

A la mort de ses parents, Kamil a dû quitter le Caire pour Louxor sans revoir sa sœur aînée. Il a été confié à un riche propriétaire terrien des bords du Nil. Kamil doit travailler dur et les coups de bâton pleuvent souvent. Quatre ans se passent. Un jour, pour échapper au fanatisme religieux de son maître et de ses amis, Kamil se sauve et se retrouve aux portes du désert...

284 **Carnets de bord**
par les enfants de la Baleine Blanche

Huit garçons et filles de onze à seize ans qui ne se connaissaient pas se sont embarqués pour un an sur les deux voiliers de l'association de la Baleine Blanche. Ensemble ils traversent deux fois l'Atlantique. Aventures, tempêtes, calmes plats, amitiés et brouilles, joies et peines, remplissent leurs journaux de bord.

285 **Le cercle de pierres** **(senior)**
par Nancy Bond

Un été, sur un chantier archéologique... Même si Pennie, à quatorze ans, est trop jeune encore pour prendre part aux fouilles, ce pourrait être des vacances de rêve. Or, non seulement l'ambiance est tendue dans cette famille où, à la suite d'un remariage, chacun doit s'adapter, mais encore, sur le chantier, les incidents se multiplient. Malveillance? Accidents ?

286 **Stève et le chien Sorcier**
par Anne Pierjean

Au cours d'une partie de pêche au bord de la Drôme, Stève et son inséparable ami Pat rencontrent Carême le clochard qui vit avec son chien, Sorcier. Le vieil homme prétend posséder un trésor dont il serait le seul, avec son chien, à connaître la cachette. Quelques jours plus tard, Carême est victime d'une agression...

287 **Dix-neuf fables d'oiseaux**
par Jean Muzi

Ces fables, empruntées à la littérature populaire d'Europe, d'Asie et du Moyen-Orient, montrent des oiseaux moins écervelés qu'on le dit et qui savent aussi jouer de malice pour ridiculiser des animaux bien plus impressionnants qu'eux...

288 **L'apprenti amoureux**
par Marie-Christine Helgerson

Lyon, 1542. Anne est l'aînée de la famille. Son père imprimeur a deux apprentis, Nicolas et Gilles, qui ont quinze ans. Gilles et Anne sont amoureux. Mais une simple parole de la célèbre poétesse Louise Labé suffit à semer le trouble dans le cœur de Gilles... A ses yeux, Anne n'est plus qu'une petite fille...

289 **Touchons du bois (senior)**
par Renée Roth-Hano

Les Allemands occupent l'Alsace. La famille Roth va chercher refuge à Paris. Devant la montée du nazisme, les parents décident de mettre leurs trois filles dans une institution catholique en Normandie. Renée, neuf ans à l'été 1940, raconte au jour le jour sa vie et celle de ses jeunes sœurs durant ces quatre années de guerre.

290 **La ballade des Lackawanna**
par Chester Aaron

1931, aux États-Unis. Pendant la grande crise économique, Willy, quinze ans, se retrouve à la rue. Avec Carl, Slezak, Norman, Deirdre et son frère Herbie, Willy forme une famille. Ils se surnomment les Lackawanna. Mais Herbie, neuf ans, disparaît, les Lackawanna partent à sa recherche en s'embarquant clandestinement dans les trains de marchandises...

291 **Une chèvre pour Yaya**
par Nadia Wheathy

Même si l'Australie se trouve très loin de la Grèce, Mareka serait tout à fait heureuse d'y vivre. Mais sa grand-mère, sa Yaya, se sent perdue et malheureuse. Elle regrette son village et sa chèvre Poppy. Mareka a une idée !

292 **Papa Longues-Jambes**
par Jean Webster

A dix-sept ans, Judy fait connaissance avec la vie universitaire grâce à la générosité d'un bienfaiteur anonyme. Mais Judy, qui est orpheline, devra lui rendre compte à travers ses lettres des événements marquants de sa vie nouvelle. Judie ne sait rien de cet homme."Papa Longues-Jambes", comme elle le surnomme dans sa correspondance à sens unique, répond... à sa manière.

293 **L'enfant du vent**
par Ashley Brian

Quatre récits, mi-contes, mi-fabliaux, issus de différentes cultures d'Afrique noire. A-t-on jamais vu un lion père d'une nichée d'autruchons ? Un gamin joue avec l'enfant du vent et découvre son secret. Le lièvre en a assez des jeux du chacal. L'enfant qu'on appelait le Nigaud devient astucieux en grandissant...

294 **Le libre galop des pottoks**
par Résie Pouyanne

Pampili rêve de voir les pottoks, ces mystérieux chevaux sauvages qu'il entend galoper dans la nuit. Un jour, avec son copain Manech, Pampili sauvera une jeune pouliche tombée dans une ravine. Et c'est le début d'une grande amitié entre le garçon et l'animal.

295 **Le jardin secret**
par Frances Hodgson Burnett

Seule survivante d'une épidémie de choléra dans un petit village des Indes, Mary arrive en Angleterre pour vivre chez son oncle dans un immense manoir isolé. L'oncle Archibald est un homme étrange et dans cette demeure emplie de mystères, Mary va de surprise en surprise...

296 **Pièce à conviction** **(senior)**
par Bernard Ashley

Hold-up manqué à Londres. Sam, le chauffeur de taxi qui avait pris les bandits en charge, découvre dans son véhicule un objet qui pourrait bien servir de pièce à conviction. Il l'empoche. Grâce à cet objet clé, Sam espère tenir la dragée haute à la mafia qui terrorise le quartier, et par là protéger les siens. Mais c'est sa petite-fille, Paula, qui va devoir du haut de ses quatorze ans faire face au plus gros de la tourmente.

297 **Les fuyards de la nuit**
par Vivien Alcock

Le cirque doit fermer. Les animaux sont vendus les uns après les autres. Charlie et Belle, les deux enfants de la troupe, apprennent que Tessie, la vieille éléphante qu'ils adorent, va être abattue. Charlie et Belle élaborent un plan pour tenter de sauver l'animal...

298 **Des ennuis, Julien ?**
par Anne Pierjean

Julien part en convalescence à la montagne chez sa sœur Brigitte, jeune institutrice. Il fait la connaissance d'une petite bande. Mais dès leur première rencontre, Mathieu le chef du clan et Julien se heurtent. La disparition mystérieuse d'un vélo, une bagarre, il n'en faut pas plus pour qu'éclate le drame.

299 **Le coupeur de mots**
par Hans-Joachim Schädlich

Sur le chemin de l'école, Paul rencontre un étrange personnage qui lui propose de faire ses devoirs à sa place. En contrepartie, ce colporteur diabolique lui demande de lui céder tous ses articles définis, puis ses prépositions et ses formes verbales... Paul accepte le marché mais désormais, il parle une langue appauvrie et va devoir faire face à des malentendus cocasses ...

300 **La fièvre du mercredi**
par Claude-Rose et Lucien-Guy Touati

Vincent et Nicole n'en peuvent plus. Leur emploi du temps du mercredi, prétendument jour de repos, est un vrai marathon... Comment faire comprendre aux parents qu'ils aimeraient un peu respirer le mercredi ?

301 **La croisade des grenouilles (senior)**
par Stephen Tchudi

Depuis des années, David Morgan, seize ans, élève des têtards prélevés dans le marais pour les observer avant de les rendre à leur eau natale. Mais, ce printemps-là, David apprend la construction prochaine d'un grand centre commercial après assèchement des lieux ! Avec son ami Mike, David lance une enquête et tente d'enrayer le projet...

302 **Rue Planquette**
par Sandrine Pernush

Elsa maudit Paris, la touffeur du mois d'août, cette rue Planquette où, désormais, elle devra habiter."On" l'a forcée à déménager,"on" l'a arrachée à Bordeaux, à sa meilleure amie. Elsa refuse de commencer une nouvelle vie. Pourtant, un après-midi d'orage, elle aperçoit un garçon sous un parapluie rouge...

303 **Nouvelles d'aujourd'hui (senior)**
par Marcello Argilli

Un éventail d'histoires courtes, à la fois cocasses, inquiétantes et tendres. La télévision, l'école, les robots, la magie des mots, les contes, le temps, le pouvoir de l'imagination... Autant de thèmes, traités avec humour et un sens critique décapant, qui laissent à penser, à réfléchir.

304 **Millie et la petite clé**
par Anne-Marie Chapouton

Millie vient d'arriver chez sa grand-mère. Elle va sûrement y vivre des aventures extraordinaires, comme à chaque fois. Quand elle trouve une petite clé dorée, elle a tôt fait de découvrir la porte nichée sous le lierre. Et la voilà dans un immense jardin enchanté. Au détour des sentiers, le long du chemin creux, Millie va aller de frayeurs en surprises...

305 L'enquête. Les enfants Tillerman (senior)
par Cynthia Voigt

A seize ans, James est mal dans sa peau. Toujours brillant en classe, il reste un solitaire qui se lie difficilement. Il voudrait en savoir plus sur ce père qui a abandonné sa femme et ses quatre enfants. James tente d'entraîner son frère dans son enquête. Sammy se laisse prendre au jeu, qui bientôt n'en est plus un...

306 Un cheval de prix
par Mireille Mirej

Nathalie, onze ans, est passionnée de chevaux. Pourtant, elle n'a jamais eu l'occasion de monter à cheval. Un télégramme fait basculer son univers : on lui offre un cheval. Comment héberger un tel animal quand on habite une cité de la banlieue parisienne ? La partie n'est pas facile à gagner...

307 José du Brésil (senior)
par Aurélia Montel

Au début du siècle, au Brésil, la vie est rude pour les paysans du Ceara. Quand le jeune José découvre le vieil homme qui l'a recueilli, mortellement blessé, c'en est trop pour lui. José entame alors une longue marche vers la côte qui le conduit jusqu'en Amazonie. Cependant, l'adversité, sous l'inquiétant visage d'un aventurier redoutable, s'attache aux pas de José...

308 Julie, mon amie gorille
par Francine Gillet-Edom

Hier encore, Aubrée était à Bruxelles et la voilà pour un mois au Zaïre. Lors d'une promenade à cheval avec son cousin, elle découvre un bébé gorille blotti auprès de sa mère morte. Mais, Julie, comme l'a prénommée Aubrée, suscite la convoitise des trafiquants. Pourra-t-on la ramener dans le sanctuaire des derniers gorilles des montagnes?

Titres parus :

- Les astéroïdes
- Les comètes ont-elles tué les dinosaures ?
- Fusées, satellites et sondes spatiales
- Guide pour observer le ciel
- La Lune
- Mars, notre mystérieuse voisine
- Notre système solaire
- Notre Voie lactée et les autres galaxies
- Pulsars, quasars et trous noirs
- Saturne et sa parure d'anneaux
- Le Soleil
- Uranus : la planète couchée
- La Terre : notre base de départ
- Y a-t-il de la vie sur les autres planètes ?
- Comment est né l'Univers ?
- Mercure : la planète rapide

A paraître :

- Les objets volants non identifiés
- Les astronomes d'autrefois
- Vie et mort des étoiles
- Jupiter : la géante tachetée
- Science-fiction et faits de science
- Les déchets cosmiques
- Pluton : une planète double
- La colonisation des planètes et des étoiles
- Comètes et météores
- La mythologie et l'Univers
- Vols spatiaux habités
- Neptune : la planète glacée
- Vénus : un mystère bien enveloppé
- Les programmes spatiaux dans le monde
- L'astronomie d'aujourd'hui
- Le génie astronomique

Demandez-les à votre libraire

Cet
ouvrage,
le trois cent
vingtième
de la collection
CASTOR POCHE,
a été achevé d'imprimer
sur les presses de l'imprimerie
Brodard et Taupin
à La Flèche
en février
1991

Dépôt légal : mars 1991.
N° d'Édition : 16543. Imprimé en France.
ISBN : 2-08-162157-6
ISSN : 0763-4544
Loi n° 49-956 du 16 juillet 1949
sur les publications destinées à la jeunesse.